朝日新書
Asahi Shinsho 973

「黒塗り公文書」の闇を暴く

日向咲嗣

朝日新聞出版

はじめに　92％を黒塗りにして公開された1400枚の公文書

いったいどれくらいインクをぶちまけたら、こんなに大量の紙を真っ黒にできるのだろうか――。

開示文書が黒塗りされることとは、ある程度、覚悟はしていたものの、その現物が、いざ目の前に現われると、予想をはるかに超えたインパクトで目前に迫ってくる。

ダンボール箱に隙間なくギッシリと詰め込まれた約1400枚の公文書。2018年4月20日に和歌山市教育委員会に開示申出してから3カ月後の7月上旬、自宅に届いた〝荷物〟を開封したところ、出てくる紙という紙のほとんどが、真っ黒に塗りつぶされていたのだ。その割合を算出すると、実におよそ92％にもおよんだ。

自宅の空き部屋に、その一部をダンボールから出して一枚一枚広げて並べてみると、「圧巻」とか「壮観」というより、「悪寒」が走るような、忌まわしい光景が目の前に現わ

【画像1】92%を黒塗りにして公開された約1400枚の公文書の一部

れて、たちまち気が滅入ってしまった（画像1）。

黒く塗りつぶされた部分には、細かい出来事が几帳面に記録されていることだけはイメージできるものの、その内容を一般市民に開示することを、これ以上ないほど力強く、なかおつ、これ以上ないほど頑なに拒絶しているようにみえる（画像2）。その文書作成の裏側では、透明性のある行政とはほど遠い、何か尋常ではないことが、いまこの瞬間も着実に進行していることが、改めて感じられた。

私がいちばんショックを受けたのは、この１４００枚にもおよぶ黒塗り文書を出した担当部署が、市民図書館だったことである。市民の知る権利を守る最後の砦《とりで》であり、市民の情報アクセスをサポートしていくはずの機関が、自ら執行する行政（新図書館建設）にかかわることとはいえ、かたっぱしから真っ黒に塗りつぶした公文書を平然と市民に送りつけてきた事実は、私の図書館に対する信頼を根底から覆した。

私が知っている図書館の人は、何か知りたいことをひとつ尋ねると「こんな情報があるよ」「こんな本もあるよ」とばかりに、あれもこれもと驚くほどのサービス精神でレファレンスしてくれる。たとえ目的の情報にたどりつけなかったとしても、情報開示に対するあくなきスタンスは一貫していて、これまでただの一度も例外はなかった。それが「図書館職員の本能」みたいなものなのだろうと思っていた。

【画像2】議事録と思われる部分もほぼ黒塗り。黒塗り部分に、細かい出来事が記録されていることはイメージできた

新図書館建設をめぐって発表された基本計画や基本構想には、さまざまな立場の市民がそこに集まって、より豊かな地域文化をみんなでつくりあげていくというような美辞麗句が並べられている。なのに、そのプロセスの一端を記録した公文書には、計画文書の中身とはおよそ別世界の暗黒行政が現われたのは、いったいどうしてなのか。黒塗りすることによって、いったい彼らは何を隠そうとしているのか、なんのために黒塗りしたのか、どうしてそれが開示できないのか、そして、そもそも黒塗りされた文書には、いったい何が

書かれていたのか。

本書は、6年の歳月をかけて、そんな疑問をひとつずつ解消していくことで、わかった行政の深い闇に光をあてたものである。

図書館は、ただの一例にすぎない。市民センター、公園、緑道、水族館と、われわれの日常生活に密接にかかわる全国津々浦々の公共施設の整備事業でも、同じようなことがいまも着々と進行している。

モリカケ、桜を見る会、名古屋出入国在留管理局で起こったウィシュマさん死亡事件など、国政で大きく騒がれた黒塗り公文書が、いまや地方自治の現場でも、日常的に作成されていて、あたり前のように、市民の目の前に提示されるようになっているのだ。

大量の黒塗り文書を前に、ただ途方に暮れていた日から始まったのは、ひたすら関係者に疑問を繰り出していく取材。まるでジグソーパズルのピースをひとつひとつ合わせていくような作業からみえてきたのは、市民の共有財産（公共物＝コモン）が特定企業の所有物であるかのように、思うままに改変されていく残酷なプロセスだった。

その行為を直接進めていた執行者は、決して〝私利私欲にまみれた悪い奴ら〟ではなかった。むしろ生真面目すぎるとさえいえる人たちだ。法令に則《のっと》って、忠実に決められた事業を推進していく職員たちだったのである。公文書を真っ黒に塗りたくるのも、彼らにとっては、なんの疑いもない正しいことだったのだろうか。

ナチスドイツの高官で、第二次世界大戦中に数百万人のユダヤ人を強制収容所へ輸送する指揮をとったアドルフ・アイヒマンは、自らの職務に忠実なだけのごく平凡な役人の側面があったと、後年、指摘されるようになった。その意味からすれば「黒塗り公文書」というものは、役人による「凡庸な悪」の象徴といえるのかもしれない。

「黒塗り公文書」が乱発される背景にある「凡庸な悪」のメカニズムに迫っていきたい。

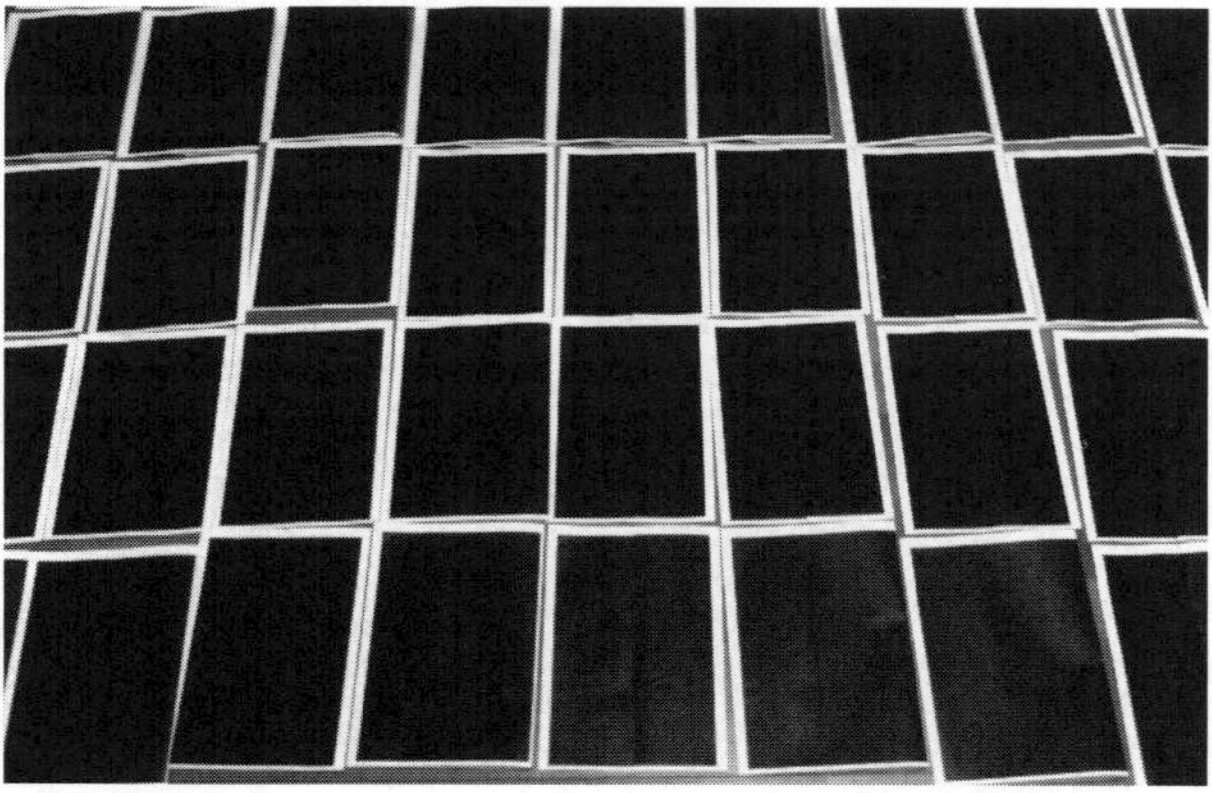

「黒塗り公文書」の闇を暴く　目次

はじめに　92%を黒塗りにして公開された1400枚の公文書　3

序　章　黒塗りされたコモンの収奪計画　17
約9割が「改築反対」だった葛西臨海公園。
　開示された公文書はほぼ黒塗り　18
「白塗り」で公文書が開示された
　神戸市立須磨海浜水族園の建て替え計画　21
情報開示を頑なに拒み続けた広島市立中央図書館の移転計画　27
明治神宮外苑再開発で東京都が開示した公文書も大半が黒塗りだった　34
官民連携事業の「闇」を覆い隠す黒塗り公文書　36

第1章　1400枚の黒塗り公文書に隠されていた
官民癒着の構図　43
黒塗り公文書によって隠される民間委託の実態　44

94億円の公金が費やされる事業の情報がまったく開示されない　45
1400枚の公文書のうち、黒塗り部分の割合は約92％　52
黒塗りの隙間に見出した、和歌山市民図書館移転計画の謎を解く鍵　56
公募せずに指定管理者を選定していた多賀城市立図書館という前例　59
移転計画を主導している建設コンサルタントが存在した　61
和歌山市民図書館移転計画と国土交通省をつなぐ2人のキーパーソン　64
巨額の補助金が得られる再開発事業の中核施設として利用された図書館　68

第2章　開示文書があぶり出した自治体のデタラメ行政　73
情報公開条例の例外規定をコピペしただけの「不開示の理由」　74
自治体職員の制度に対する理解不足が黒塗りを増やしている　79
全国で開示請求されたもののうち、およそ半数が「黒塗り・非開示」　83

開示してほしい文書を特定できない場合は、
役所の担当課に尋ねればいい　86
黒塗りだらけだったら、
情報公開・個人情報保護審査会に不服の申し立てができる　90
黒塗りの理由として乱発される
「企業秘密だから」の多くは条例解釈の誤り　92
情報公開・個人情報保護審査会で、
不必要な黒塗りと判断された平塚市の事例　95

第3章　水面下で繰り広げられる「役所vs.市民」の情報開示の攻防　107

審査請求によって和歌山市の市民団体が
あきらかにしたかった2つのポイント　108
情報公開・個人情報保護審査会は市民団体の主張を8割方認めた　113
疑惑の点数をつけた人物の名前は開示されなかった　117
市民の意見を聞くことなく指定管理者を選定した「不知火文化プラザ」　121

「何を理由に指定管理者を選定したか」をわからなくした黒塗り公文書　123
時間稼ぎに利用された可能性がある情報公開・個人情報保護審査会　126
情報公開の程度を後退させた、情報公開条例の改悪　134

第4章　グランドオープン当日に暴かれた官製談合疑惑　139

民間企業が施主になったことで、
官民連携事業の情報公開が妨げられる　140
市議会議員の働きかけもあり、ようやく開示された入札に関する情報　142
落札2年前の関係者定例会議ですでに発表されていた資金計画　147
黒塗り部分をあきらかにした内部告発文書　150
グランドオープンの日に官製談合疑惑をつきつけた告発記事　159
告発記事を経てもなお、変わることがなかった和歌山市の対応　172
1年7カ月もの間
ずっと放置されていた審査請求が照らす公文書の「闇」　176

第5章　黒塗りよりも、はるかにタチが悪い「不存在」 181

自衛隊の日報隠蔽問題、加計学園の獣医学部新設問題などでもあった 182
特定の期間の議事録のみが残されていない〝議事録中抜き事件〟 186
「不存在」の理由を説明するうちに、矛盾があきらかになる 193
図書館併設カフェの賃料が9割引だが、
決定した経緯がわかる文書が「不存在」 196
市長の意向を忖度して、
記録を残さないことが常態化している可能性も 202
公文書を作成しなくてもよい「事案が軽微なもの」の規定や例示がない 206
「行政財産の使用許可に不十分な事務手続きがあった」
と監査委員が認めた 209
辻褄の合う説明ができなくなり、「不存在」の文書の存在が露見する 212

第6章　黒塗りなし公文書が照らす民間委託の闇 217

東京都知事が是正指導を受けた「都立高校偽装請負事件」 218
「ノウハウを持たない事業者への安易な業務委託」が招いた機能不全 225
民間委託の陰で進んでいたファミリー企業による寡占化 229
異業種からの参入が相次ぐ中、著しく進んだダンピング合戦 234
都議会議員の調査によってあきらかになった、
継続して起きていた違法状態 242
民間委託を廃止に追い込んだ、5000枚にもおよぶ開示請求 247
おわりに 「時給180円事件」から始まった図書館事件の沼 251

図版：秋津祐磨（朝日新聞メディアプロダクション）

序章　黒塗りされたコモンの収奪計画

約9割が「改築反対」だった葛西臨海公園。開示された公文書はほぼ黒塗り

東京湾に面した水辺の豊かな緑が体験できる葛西臨海公園。その中核施設である水族園の建て替え計画が進んでいるのをご存じだろうか。

2018年11月、開園から30年を迎え、施設の老朽化が進んでいるとして、東京都が「葛西臨海水族園の更新に向けた基本構想（素案）」を公表したのだが、この素案に対して寄せられた意見の約9割は「改築反対」だった。ニューヨーク近代美術館（MoMA）を手がけた世界的建築家の谷口吉生氏の設計による、敷地と海を一体化させたガラスドームは、公園のシンボルとして親しまれており、壊さずに残すべきで、建て替えの必要はないというのが大方の意見だったのだ。

しかし、それでも都の建て替えのスタンスは変わることはなかった。2020年10月、都は「事業計画」を公表し、2022年1月に事業者の公募を開始。4回の技術審査委員会を経て、8月に落札者が決定。12月都議会で承認され、トントン拍子で契約の運びとなったのである。

順風満帆だった建て替えのシナリオに危険信号が灯《と》り始めたのは2023年2月10日の

こと。都議会環境・建設委員会で、建設局担当者は、新水族園の建設エリアにある樹木の本数について「約１４００本」とし、「移植を前提に設計を進めている」と答弁（その後、計画敷地内１７００本のうち６００本を伐採し、８００本を移植する方針が判明）。

日本建築家協会メンバーが２０２２年11月、入札時の提出書類を都に開示請求したところ、落札グループの案は全85ページのうち76ページが黒塗り（提案に企業ノウハウが含まれ、公表すれば競争性に差し障るため）で開示されたが、樹木への影響の考え方も公開されず、落札できなかったグループの案はすべて非開示だった。

それから1年後の２０２３年11月、筆者が改めてその公文書の現物を独自に開示請求で入手してみると、落札した事業者グループの詳細な提案が記された３２１枚の文書は、イメージ画像と備品・什器リストの品目が書かれた表の数枚を除いて、すべての文書が黒塗りだった（画像3）。ご丁寧にヘッダーやフッターまで黒く塗られている。選定委員会で選定されて、これからこの提案を実施していくはずの事業者の提案内容はすべて「企業秘密」というわけで、ここまで行政が死守しないといけないものかと呆《あき》れるような黒塗りぶりだった。

提案内容を評価した選定委員会の採点結果に関する文書23枚も、審査項目と配点欄を除く、審査員の評価点数コメント欄はすべて真っ黒になっており、いくら穴をあくほど紙をみつめても、何ひとつわからない、完全無欠の黒塗り公文書といってもいいような情報開示だった。

　都が説明してきた樹木保全の具体策や樹木への影響の考え方が書かれた箇所は、どこにもみあたらない。市民がいちばん知りたいことは、民間の企業秘密を盾に、行政が秘匿し続けるという理不尽さを、見事に浮き彫りにしたケースといえよう。

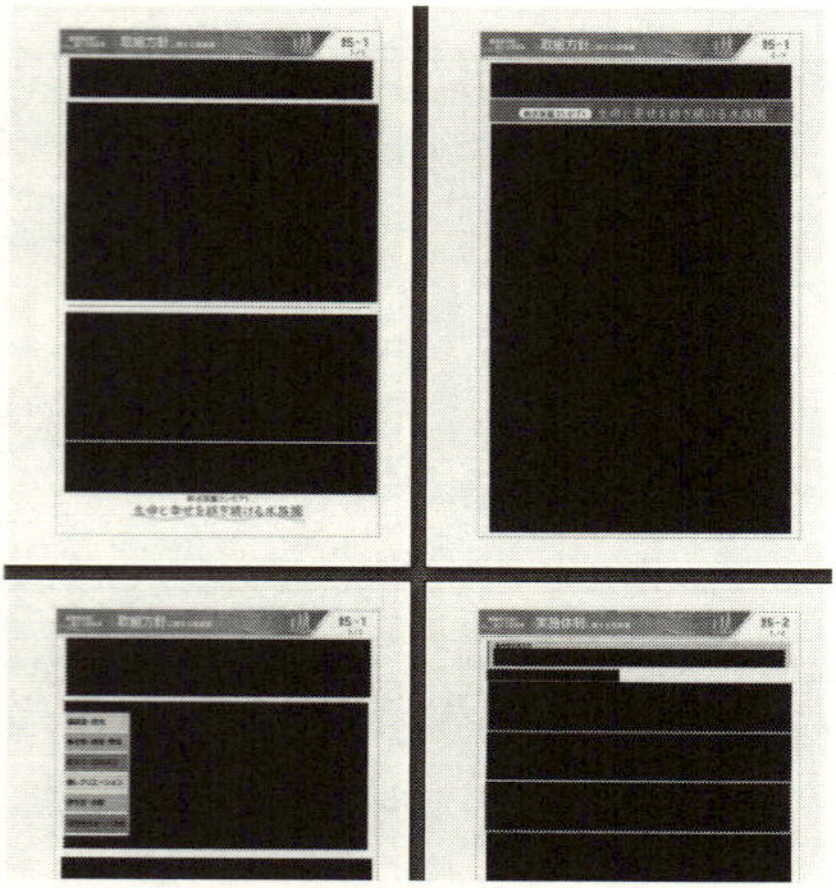

【画像3】東京都が筆者に開示した葛西臨海水族園建て替え計画に関する公文書。落札した事業者グループの詳細な提案が記された321枚の文書は、イメージ画像と備品・什器リストの品目が書かれた表の数枚を除いて、すべての文書がほぼ全面黒塗りだった

「白塗り」で公文書が開示された神戸市立須磨海浜水族園の建て替え計画

同じく水族館の建て替え計画が問題になっているケースが、もうひとつある。関西在住の人なら一度は聞いたことがあると思われるのが、兵庫県神戸市の水族館騒動である。

2017年、神戸市は、長年「スマスイ」の愛称で親しまれていた市立須磨海浜水族園を完全民営化して建て替えることを決定した。1957年に開設されてから60年が経過し、施設の老朽化によって修繕費が多額にのぼることが見込まれることから、思い切って新しい施設の建て替えを決断。その際に、周辺の公園や宿泊施設も含めて民間事業者に再整備を委ねることで、自治体の負担を最小限に抑えつつ、市民が楽しめる最新の設備やアトラクションを導入することで、より大きな成果が得られる民活のお手本となるケースだとみられていた（2024年6月「神戸須磨シーワールド」としてオープン）。

公募の結果、2つの事業者グループから提案を受けた神戸市は、2019年9月にサンケイビルなど7社による共同事業体を優先交渉権者に決めた。

優先交渉権者の提案によれば、周辺の約10万㎡に約370億円をかけ、西日本で唯一シャチがみられる水族館、イルカと触れ合えるプール付きホテル、子育て支援施設を備えた松林の公園——などを整備。開業時の水族館の総水量は改修前の約3倍の約1万5000トンとなり、全国5位の規模。年間の入場者数は18年度の110万人に対し、開業時の24年度は250万人、25年度以降は平均200万人を想定しているという（2019年11月28日・毎日新聞）。

ところが、そんないいことずくめの計画には、とんでもない落とし穴が潜んでいた。まもなく、市民が負担する入館料が建て替え前の3倍前後になることが判明したのだ。リニューアル後、18歳以上は1300円から3100円へ、15〜17歳は800円から3100円へ、小中学生は500円から1800円へ、無料だった未就学児のうち4〜6歳は1800円へと、それぞれ大幅値上げ。小中生が公共施設などを無料で利用できる「のびのびパスポート」の対象からも外れることになった。

小中学生が現行の500円から4倍近くの1800円になることについての市民の反発は大きく、料金見直しを求めて、署名活動がさかんに行われる事態にまで発展したのだった。

そうした市民の声に対して神戸市は、集客力のある施設にしようとすれば、入館料はある程度高くても仕方ないとして、値上げ分は、市民向けの割引プランの導入を事業者と協議していくことで対応したいとしていた。

筆者は、神戸市に対して、入館料設定の根拠となった情報を開示請求してみたところ、優先交渉権者に選定された民間事業者グループの提案書がまるごと開示された。

実施体制・事業計画と題された文書をパラパラとめくっていくと、なんと黒塗りがまったくない。さすが、神戸市！　情報公開の体制が徹底しているんだなぁと思った次の瞬間、「おやおや」と思う箇所が次々出てきた。

具体的な収支計画をみてみようと、ページをめくっていくと、不自然に白いスペースがめだつことに気づく。本来、数字がビッシリと詰め込まれているはずの表のまん中がポッカリとあいているのだ。拡大してみると、どうやら数字があった箇所に白い紙を乗せてコピーするようなマスキング処理がなされていることが判明。そう、「黒塗り」ならぬ「白塗り」である（画像4）。

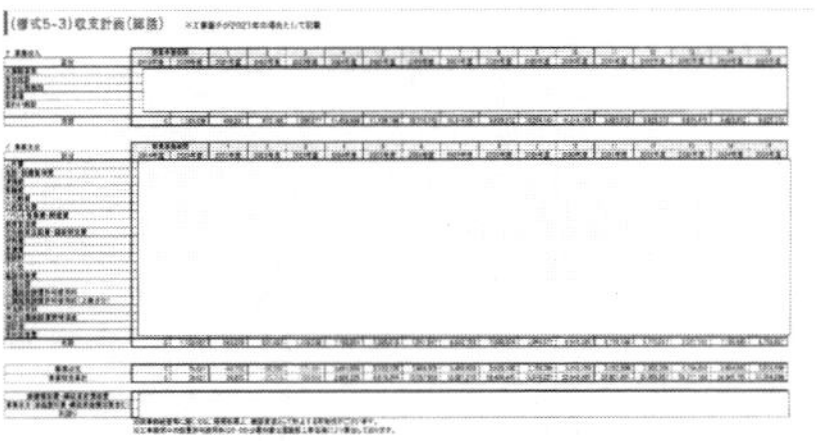

【画像４】みせたくない部分を「白塗り」で隠した公文書

工事着手を2021年度（開業は2024年度）として、その2年前の2019年度から2035年度までの17年間にわたって、事業収支の予測が一覧表にされているのだが、各年度の最終的な数値以外はすべて〝白塗り〟。人件費や施設・設備管理費、修繕費、水光熱費など、詳細な内訳欄は、きれいに消されていたのである。

数字の入った欄だけを詳しくみていくと、開業から4年目以降は、30億円前後の黒字を確保していることだけはわかるが、その内訳が伏せられていたら、神戸市直営時代の3倍となる入館料が適正なのかどうかは、専門家でも容易には判断がつかないだろう。

ほかのページもみてみたら、マスキングされている箇所は、決して多くはないものの、ここぞという核心部分については、やたらと白いスペースがめだつ。開示された220ページの提案書の中で白塗りは、たとえ1割に満たないスペースであっても、内容を知りたい市民からすれば、「白塗りだらけ」と感じるはずだ。

試しに白塗り部分を黒く塗りつぶしてみると、〝典型的なのり弁〟資料になった（画像5）。

新しい水族園の建設費用にいくらかかって、その運営維持費にいくらかかるのか。それに対して想定される入館者数は何人で、それによる入館料収入はいくらなのか。はたまた、周辺に整備した宿泊施設などによる収益はいくらくらい見込めるのか。この提案資料からは、そうした基本的なことを読み取るのは、ほぼ不可能に近い。

そもそも、公文書は「すべて公開」が大原則だ。にもかかわらず、その大原則が崩壊している現実を、目にみえる形で表しているのが「黒塗り」である。黒塗りで開示された市民は、ひと目で行政プロセスの透明性のなさや、市民に知られると不都合な事実を隠して、ものごとを強引に推し進めようとしているではないのかとの疑念を抱くものだが、その「黒塗り」を「白塗り」に変えることで、そうした批判を和らげようとしているとしたら、これこそ「印象操作」の最たるものではないのか。

(様式5-3)収支計画(総括)

【画像5】「白塗り」部分を黒く塗りつぶしてみたら、“のり弁”が現われた

入館料の話に戻ろう。開示資料のなかに、3倍前後になる入館料について、各種割引の設定もあった。選定された事業者の提案によれば、市内の小中学生は、年一回のみ、入館料が500円に割引になる（未就学児は無料）制度が

用意されている。これなら市民も文句はないだろうと思われるかもしれないが、よく読めば、ここにもカラクリがあった。

神戸市民限定の入館料割引については、市民は、民間業者が自ら稼ぎ出した利益から捻出すると思っているかもしれないが、実際には、神戸市が、想定される割引対象者層の数に応じて、運営事業者に減収分の一部を支払うスキームになっていた。事業者の試算では、割引による減収分の46〜67％を市が負担するという（割引対象者のうち何人が実際に割引を利用したかによって、市の負担割合が変わる）。割引分の大半は、市が負担してくれるのだから、事業者にとっては、損のない条件といえる。

市民の利便性を向上させつつ、市民の負担を軽くするとされる「官民連携事業」と呼ばれる事業の多くが、実は、民間事業者に破格の優遇措置を与えたり、営利事業に巨額の公費を注ぎ込むために行われたりしているのではと指摘される事例が、ここへきてめだつようになってきた。神戸の須磨水族園の建て替え事業も、決してその例外ではなかったといえるだろう。

なお、2024年6月の開館以後、割引による減収分については、事業者側提案がそのまま適用された。一方で、入館料を季節によって変動させる仕組みが取り入れられた。これにより、2024年9月時点では、大人（高校生以上）の料金が、通常期間は3100円のところ、最も高いお盆期間には3700円になり、夏休み期間（繁忙期の土日祝含む）も3300円と高くなる一方、12〜3月（冬休み・春休み期間を除く）は2900円と安くなるとされている。ただし、小人（小学生・中学生）・幼児（4〜6歳）の料金は、12〜3月に100円安くなるだけで、大きな割引はない（通常期間・お盆期間・夏休み期間が1800円であるのに対し、12〜3月は1700円）。

情報開示を頑なに拒み続けた広島市立中央図書館の移転計画

黒塗り公文書が大きくクローズアップされる自治体の話題のなかでも、市民の反発がとりわけ強かったのが、広島市の中央図書館の移転問題だろう。

広島市が、建物が老朽化した市立中央図書館を、平和記念公園近くの現在地から、JR広島駅前に移転する案を最初に示したのは、2021年11月のこと。アクセスのいい駅前のほうが利用者の増加が期待できるうえ、移転先のビル・エールエールA館は、既存建物の改修のみのため、整備費は、現在地で建て替えるよりも安く済むというのが主な理由だった。しかし、市民からは「結論ありきで強行している」と、すぐに反対の声があがった。

もともと現在地周辺で建て替える計画（中央図書館、こども図書館、映像文化ライブラリーの3施設を中央公園内に集約）だったのに、突然の方針転換。緑豊かな世界遺産・原爆ドーム近くのロケーションを捨てて、賑《にぎ》わいを求めた猥雑《わいざつ》な駅前商業ビルへの移転は、市民にとっては、まさに〝寝耳に水〟だったのだろう。

翌年2022年1月、図書館でこども向けに読み聞かせを行っていた市民団体が「私たちは『広島市こども図書館』『広島中央図書館』のエールエールA館への移転に反対します。」と題した署名活動をスタート。「市民に広く告知することなく、十分な議論もないいま、早急に進めようと」しているとして再考を求めると、ほかの市民団体もそれに続くかのように、移転の見直しを求める態度を表明した（2023年1月には、市内8団体が連名で、計画撤回を求める市長宛の要望書を提出）。

市民の怒りに火をつけたのは、市側がロクに市民の意見を聞かないまま結論ありきで、半ば強引に移転を進めようとしていたからだった。広島市が行った市民への1回目の意見募集では、寄せられた215件中90％が反対だったと伝えられるなか、事業決定まで、その意見を反映させた形跡はどこにもみられなかった。

情報をなかなか開示しない、移転に反対する市民団体と市長はなかなか面会しない、市の図書館協議会や社会教育委員がこの件で意見を述べても「有識者、審議会の方々の意見を聞く会でない」としてはねつけるといった対応を取り続けてきた。

やがて、中央図書館の駅前移転は、巨額の赤字リスクを抱える第三セクター救済のために、無理矢理ひねり出された〝ウルトラC〟だという内部告発と思われる噂《うわさ》が流れてきた。

第三セクターである広島駅南口開発は、2021年4月に、地下1階〜地上9階と11階のレストランフロアを賃貸している百貨店の福屋との、今後20年間の再契約を控えていた。地価下落によって、22年前の開業時と比べて減額してきた賃料をさらに下げる必要に迫られていた。

賃料を主要な収入源とする広島駅南口開発にとっては大打撃だ。このままでは、経営が悪化するおそれがあるため、同社に41・5億円を貸し付けていた広島市は、今後得る予定だった6・6億円分の利息を放棄したと、2021年2月に地元メディアで報じられていたところだった。

それほど経営基盤が脆弱《ぜいじゃく》になっていた広島駅南口開発を救済するために、中央図書館をエールエールA館に移転させて、そのテナント料を安定収入としたいというのが本音ではないか（その後、市が不動産取得に転換）と囁《ささや》かれていた。また、付随して、地下1階～地上9階と11階のレストランフロアを占めている福屋広島駅前店が、売り場を地下1階～地上5階に集約して四割減することで、こらも経営状態の改善を見込めることも、背景にあるのではないかとも囁かれていた。

移転是非の判断には、国際平和都市・広島にふさわしい中央図書館はどうあるべきか、中央図書館に所蔵されている貴重な資料が、図書館として設計されていない築20年以上の商業ビルに移転したあとも適切に管理できるかといった、市民サイドからの視点がスッポリと抜け落ちていた。

資料の保存ひとつとってみても、旧広島藩主浅野家から寄贈された和漢古書のうち、被爆による焼失から免れた「浅野文庫」を含めた江戸時代の資料や、被爆関連資料などの貴重な資料をどうするのか。エールエールA館に移転したあとに所蔵する予定の資料150万点は収蔵可能なのか。広島ゆかりの作家の作品や資料を収蔵した広島文学資料室が、エールエールA館での保管展示環境への懸念から、移転に難色を示しているとされるなか、移転の同意は取れるのかなどの点でも、市の説明は決定的に不足していた。

そうした市民の声に対して、2022年9月、松井一實《かずみ》市長がこども図書館のみ現在地に残すと譲歩案は示したものの、こども図書館に中央図書館と映像文化ライブラリーを加えた3施設を「基幹図書館群」として中央公園内に建て替えることを要望していた団体からはかえって反発を受け、かみあった議論は何もないままに、市は、中央図書館の駅前移転へと突き進んでいった。

2022年3月、市議会は図書館移転の関連費を盛り込んだ予算案を賛成多数で可決。さすがに議会では、移転反対の声がこれだけ渦巻いているなか、関連予算を無条件で通すわけにはいかず、「十分な議論が尽くされていない」として、「議会・利用者・有識者などの関係者に丁寧に説明」するなどとした付帯決議案を採択したうえでの可決だった。黒塗り公文書がクローズアップされるのは、このあとのことである。

広島市は2022年の年末には、①エールエールA館への移転、②現在地での建て替え、③中央公園内での移転の3案を比較検討した資料を議会に提出。移転先をA館と結論づけた。そして、年が明けた2023年1月には、議会にA館を移転先とする再整備基本計画案を提出したのだが、市民団体のメンバーがこの間の検討プロセスを市に開示請求したところ、出てきた公文書が〝真っ黒〟だったのである。

議会に提出された資料では、多くの市民団体が希望していた中央公園内での移転案は削除され、現在地での建て替えとエールエールA館への移転の2案比較に改変されていた。そのような決定がなされた内部会議の議事録にいたっては、すべて黒塗り。エールエールA館の耐用年数については、37年から67年で大幅に延びた算定根拠はすべて黒塗りだったと、市民団体のメンバーが記者会見で怒りをぶちまけたのだった。

前年2月の市議会で採択された付帯決議では、市は詳細に比較検討できる資料を作成した上で、3案の比較を行う、そして関係者に丁寧に説明をし、理解してもらった上で決定を行う——とされていたのに、その約束は、結局守られることはなかった。


2023年3月、図書館問題では、かつてないほど多くの市民の反対運動が繰り広げられたにもかかわらず、市議会にて商業ビルへの移転案は可決された。

筆者は同年10月、広島市に、付帯決議で約束していた3案についての検討プロセスがわかる資料を開示請求してみたところ、29日間の延長を経て、同年12月中旬に広島市公文書館から、約90枚の公文書が送られてきた。さすがに図書館移転が3月の議会で正式に決まって9カ月後のためか、打ち合わせ記録などは、ほぼ黒塗りなしで開示された。しかし、市民団体が記者会見で怒りをぶちまけていた、エールエールA館の耐用年数が大幅に延びた算定根拠については、依然としてすべて黒塗りで開示された。黒塗りされた資料の現物をみてみると、この間の市の対応に対する市民の怒りがリアルに伝わってくるようだった（画像6）。

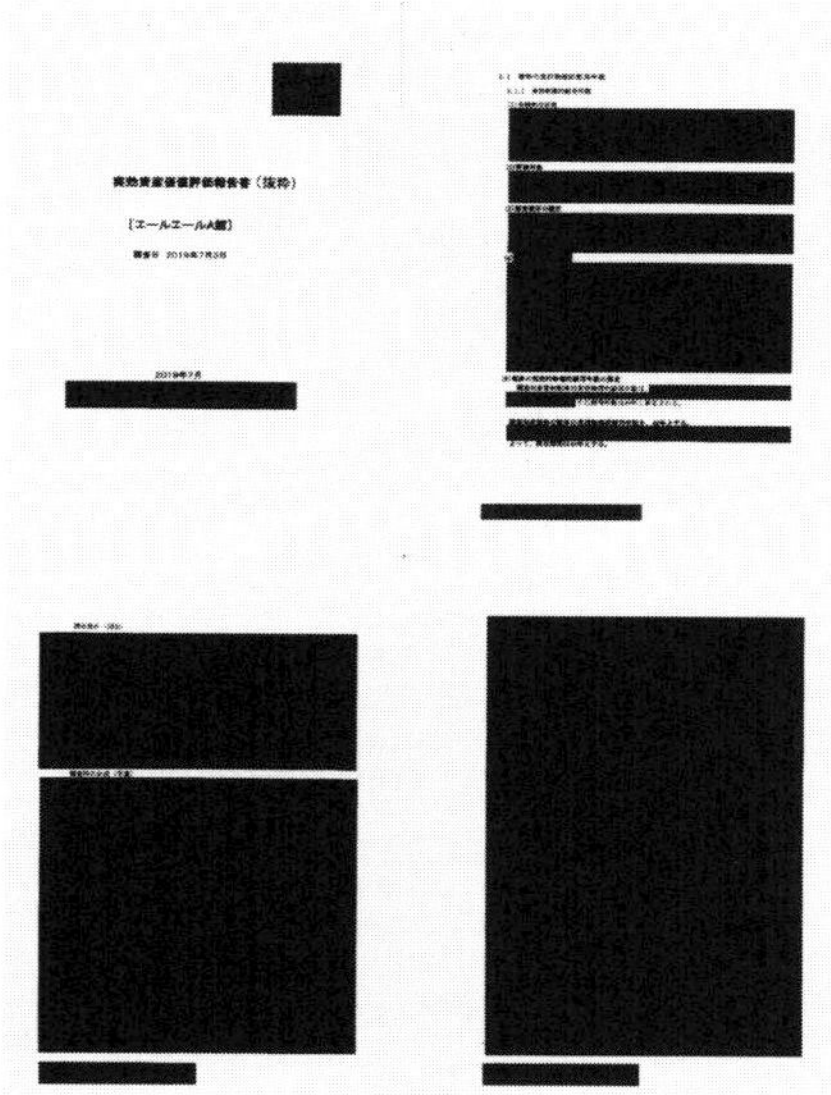

【画像6】広島市立中央図書館の移転計画が出たあとに、移転先のビルの耐用年数が37年から67年と大幅に延びた算定根拠についてはすべて黒塗りだった

移転計画の是非を判断するための情報は、議会で議決される前にこそ開示されるべきものである。市民の声を無視して決定したあとに、全面開示されても、いまさら無意味ではないのか。そう思わざるを得ない。

市民の声を聞かず、決定までのプロセスの開示をここまで頑なに拒むケースは、めずらしい。最初から結論が決まっていて、どんなに市民から批判されようとも、立ち止まって再考したり、丁寧に説明したりすることなく、なりふりかまわず、その結論に向かって邁進していく。そんな広島市のこの問題での姿勢は、大量の公文書の黒塗りという目に見える形で現われたのだった。

明治神宮外苑再開発で東京都が開示した公文書も大半が黒塗りだった

コモン（公共物）は誰のものか。そんな問いかけを、かつてないほど多くの人に投げかけたのが、東京・明治神宮外苑地区の再開発問題だろう。

東京の新宿区と港区にまたがる緑豊かな28・4ヘクタールにおよぶ再開発エリア。明治神宮と日本スポーツ振興センター（ＪＳＣ）に、三井不動産と伊藤忠商事がからむ総事業費は約３４９０億円、工期は約13年間という大規模な再開発事業である。

２０１０年から構想され、神宮球場と秩父宮ラグビー場は場所を変えて建て替える一方、高さ２００メートル近い超高層の商業ビルやホテル、スポーツ関連施設を建設するという一大プロジェクトに暗雲がたちこめ始めたのは、２０２２年2月のこと。中央大学研究開発機構の石川幹子教授が独自の現地調査で、再開発エリアにある約1000本の樹木が伐採される計画であることが判明したのがきっかけだった。

翌年2月には、都が再開発事業を認可したものの、100年続いてきた貴重な森を破壊するのはやめてほしいと、音楽家の坂本龍一氏や作家の村上春樹氏ら著名人が反対の声を上げて大規模な署名活動が繰り広げられることに。

9月には、国際機関のイコモスが、明治神宮外苑再開発事業について「世界の他の公園にはない歴史を持つ神宮外苑が、都市再開発によって差し迫った脅威にさらされている」として、「遺産危機警告（ヘリテージアラート）」を発出。事業者に対して再開発事業の撤回を求め、東京都知事には都市計画決定の見直しを要請するまでの騒動に発展。もともと風致地区に指定されて高層ビルは建てられないはずの地域だったのが、東京都と新宿区が不当に開発許可を出したとして、住民訴訟までもが提起されている。

明治神宮外苑の再開発でも、その決定プロセスは市民にはほとんど開示されてない。ジャーナリストの犬飼淳氏が、問題の多いこのような事業計画を強行できた要因のひとつは「不都合な情報は長期間にわたって徹底的に隠し、抗議活動の活発化を遅らせたことにある」と指摘。東京都が開示した文書は、〝事業者からの提案内容の追認や微修正が中心で、肝心の意思決定プロセスはほぼ皆無〟だったという。民間企業には情報開示義務はない。そこで、犬飼氏は、完全に盲点となっていた独立行政法人の日本スポーツ振興センターに開示請求することによって、東京都が保有していない詳細な打ち合わせ記録を入手したという。その大半が黒塗りで開示されたと、自らのニュースレター（犬飼淳のニュースレター）で詳しくレポートしている。やはり、明治神宮外苑再開発事業でも、大量の黒塗り文書は出てきていたのだった。

官民連携事業の「闇」を覆い隠す黒塗り公文書

明治神宮外苑再開発が話題になる少し前くらいから、公園や緑地の開発関連で市民の反発の動きがさかんに話題になるようになったことに気づかれた人も多いはず。ざっとあげてみると、「日比谷公園の樹木1000本伐採反対」「大阪市の樹木大量伐採反対」「東京・中央区の浜町公園の大木と環境の保全」「玉川上水旧水路緑道の桜を含む樹木189本伐採計画反対！」「東京・杉並区 善福寺緑地、関根文化公園、原寺分《はらてらぶ》橋の湧水の工事計画の再考」「平塚市 龍城ケ丘・都市公園整備計画の見直し」「愛知 豊橋公園の新アリーナ計画をめぐる住民投票の実現」……。大規模に署名活動が展開されているものだけでも、すぐに両手では数えられなくなりそうだ。

都心に残された貴重な樹木を守れという声が高まったのには、ふたつの理由があるように思える。第一に、気候変動による自然災害の激増にともない、気温上昇を抑えるためには、貴重な都心の樹木の保全が急務という認識が広く市民の間に広がっていったこと。その一方で、時代に逆行するかのように、野放図な都市開発を可能にする国や自治体の規制緩和政策。それと連動した民間企業の活発な動きが、「官民連携」と呼ばれる手法で行われることが増えたからだ。その野放図な開発のターゲットになっているのが、市民の誰もが無償で恩恵にあずかれるはずの「社会の富」＝コモン（公共物）だったのである。

そんな矛盾が国の政策上に、もろに現われたのが、2017年度から始まったＰａｒｋ－ＰＦＩ（公募設置管理制度）だろう。Ｐａｒｋ－ＰＦＩとは、簡単にいえば、都心や観光地にある公園にカフェなどの便益施設を設置しやすくする制度のことで、そこからの賃料収入などを公園の維持管理の費用にあてることで、市民が快適に憩える公園の整備が進むとされている。民間企業に建設と運営を任せることで、国からの補助金も出るため、自治体にとっては、使わないと損な制度ともいえる。また、民間企業側としても、建物を建築するにあたっては、原則2％の建蔽率《けんぺい》が12％と10％優遇されるうえ、人が多く集まる公園内に店舗を安く借りられることが大きなメリットだ。

ところが、そんなＰａｒｋ－ＰＦＩを活用したはずなのに、全国の自治体で市民の怒りが噴出するような事例がぞくぞくと出てきているのだ。

２０２２年4月には、Ｐａｒｋ－ＰＦＩ制度を活用して進める城北公園を整備しようとした静岡市葵区において、誘致されたスターバックスコーヒーが事業参画を辞退するという前代未聞の出来事も起きている。

２０２１年に、市の公募に応じた企業グループが、スターバックスコーヒーの出店と、有料の子育て支援施設の設置を提案。公園利用者向けに73台分の駐車場を整備する計画だったが、市民の有志らは、この計画によってクスノキやケヤキを含む１００本以上の木が伐採され、景観が損なわれることを問題視。計画を進める上で市民参画手続きがまったくなかったことから、整備費用の支出は違法だとして住民監査請求を提起した。

静岡市は、ドライブスルーの整備中止、ケヤキやクスノキの伐採本数削減など計画の見直しを行っていたが、こうしたゴタゴタを嫌がったスターバックスコーヒーの責任者が同年4月中旬、プロジェクトの参加を辞退する意向を伝えたとされている。

所在地	施設名（オープン年）	面積	年賃料［1㎡あたり単価］	月賃料
東京都台東区	上野恩賜公園（2012年）	522㎡	1535万1600円［2万9409円］	127万9300円
静岡県浜松市	浜松城公園（2018年）	551㎡	92万5680円［1680円］	7万7140円
愛知県小牧市	中央図書館（2021年）	52㎡	290万1274円［5万5794円］	24万1773円
熊本県宇城市	不知火図書館（2022年）	61㎡	3万3547円［550円］	2796円
愛知県津島市	天王川公園（2023年）	257㎡	11万5551円［450円］	9629円

【図表1】スターバックスコーヒー（ライセンス店舗含む）が自治体の公共施設に出店している店舗の賃料（筆者調べ）

公園にカフェや市民の憩う施設を民間事業者に建ててもらい、その事業者から得られる使用料を公園の運営に使うというＰａｒｋ－ＰＦＩ制度の仕組みそのものは理にかなっているのだが、現実の運用では、自治体が園内の樹木伐採など公園の魅力を著しく損なう計画を立てて、そのことを市民に知らせないまま進めている実態がある。

一方で、Ｐａｒｋ－ＰＦＩに限らず、官民連携事業全体を眺めわたすと、事業者サイドへの、あからさまな利益供与かと思われるほど有利な条件での参画を許している実態も浮かび上がってくる。図表1をみてほしい。スターバックスコーヒー（ライセンス店舗含む）が自治体の公共施設に出店している店舗の賃料を調べて、まとめたものがこれだ。

いちばん高い東京都台東区の上野恩賜公園ですら、月127万9300円（522㎡）で、駅周辺テナント平均賃料の3分の1以下。いちばん安い熊本県宇城《うき》市の不知火《しらぬい》図書館にあるスターバックスコーヒーに至っては、月2796円（61㎡）と、店舗の賃料としては「タダ同然」といってもいいような金額である。

さらに、愛知県小牧市の中央図書館にあるスタバの場合、市が光熱水費を無料にする優遇措置を与えているため、その分を勘案すると、実質的には月24万円の家賃を軽く超える（推定光熱水費は、売上〈年約9000万円と市に報告〉の5%として月37・5万円）利益供与をされている。

公共施設や公園など、自治体の事業のなかに組み込まれると、ここまで民間企業が優遇されていることは、自治体が積極的に発表しないため、市民にはほとんど知られていない。市民から開示請求されたら、原則として黒塗りできない公文書のなかにも、官民連携事業の「闇」の正体が隠れているといえるだろう。

市民のために整備されるはずのコモンが、ロクに市民の意見を聞かずに、首長と民間事業者、行政という三者だけで計画され、その決定プロセスをちゃんと市民には知らせないという異様な事態を、一目瞭然で表しているのが「黒塗り公文書」である。

このような政官財の構図について、神宮外苑の樹木伐採の反対運動をサポートしている、経営コンサルタントのロッシェル・カップ氏がX（旧ツイッター）に、こんなポストをしている。

「開発プロジェクトの計画は、事業者、政治家、官僚らの間で密室で行われ、その決定のプロセスに市民の参加や意見を述べる機会はありません。一般市民が計画の詳細を知る時には、すべて決定事項として一方的に告知され、変更を求める余地はありません」

情報公開とは名ばかりの制度で、われわれ市民がコモンの計画について、決まる前に知りたいと思う核心部分の情報がやたらと黒塗りされて出てくるようになったのは、いったいどうしてなのだろうか。図書館などの建設と運営の顛末《てんまつ》を詳しくみていくことで、情報公開の実態をみていきたいと思う。

第1章

１４００枚の黒塗り公文書に隠されていた官民癒着の構図

黒塗り公文書によって隠される民間委託の実態

「民間でできることは民間に」の掛け声のもと、2000年代初頭以降、地方自治体の行政運営では、民間委託が急速に広がっていった。

清掃や警備から始まって、公民館やスポーツセンターの施設管理・運営はもちろん、住民の戸籍事務にかかわる窓口までまるごと民間企業に委託する自治体まで現われた。「民間のノウハウ」を活用することで、効率が飛躍的にアップし、より少ない費用でより大きな成果が見込まれるようになると信じられてきたのだが、「民間のノウハウ」とは、「実体のない宣伝文句」にすぎないことをはからずも露呈してしまった分野がひとつあった。

それが、図書館である。公の施設をまるごと民間企業が運営することを可能にした指定管理者制度が制定されたのは2003年のことで、2000年代半ばまで民間企業には運営経験がまったくなかった。現在では業界最大手となっているTRC（図書館流通センター）が初めて指定管理を受託したのが2004年で、その翌年から北九州市で運営を開始している。それまでは、ほぼすべてが民間企業を使わず役所が運営している図書館（直営図書館）だったのに、ある日突然「その途《みち》のプロ」と喧伝《けんでん》されて運営を任せられたのだから、そもそも「ノウハウ」などあろうはずがない。

その実態をはからずも浮き彫りにしたのが、自治体が開示した公文書の黒塗りである。私はこれまで図書館の民間委託の実態を知るために、情報公開制度に則《のっと》り、全国各地の自治体に情報開示請求（「情報公開請求」と呼ばれる場合もある）を数多く行ってきたが、多くの自治体では民間企業のノウハウに関係した部分になると、ことごとく黒塗りにしてきた。

なかでも衝撃だったのが、はじめにで紹介した１４００枚の公文書だ。２０１８年４月20日に開示申出を行い、45日の延長を経て、７月４日に和歌山市から届いた。まずは、その経緯を整理しておきたい。

94億円の公金が費やされる事業の情報がまったく開示されない

以下は、筆者がその経緯をまとめた記事（２０１８年9月15日から始めたブログ『ほぼ月刊ツタヤ図書館』の第1回の記事「黒塗りの図書館建設計画」）に一部加筆したものだが、和歌山市は市民図書館の建て替えにともない、図書館の運営などを担う事業者を決定するプロセスを十分に公開することなく、運営などをいわゆる「ツタヤ図書館」に変えようとしていたのである。民間委託の成功事例とされている一方で問題が多発しているツタヤ図書館についての詳しい解説記事になっている。

ツタヤ図書館とは？

「ツタヤ図書館」とは、レンタル店「TSUTAYA」を全国展開するCCC（カルチュア・コンビニエンス・クラブ）が指定管理者となって運営する公共図書館のこと。2013年に佐賀県武雄市に第1号が誕生して、大きな話題を呼んだのを覚えておられる方も多いと思います。

当初、「官民一体の取り組みによる画期的な図書館」として、いろんなメディアから賞賛を浴びました。年中無休で夜9時まで開館、開放感のある吹き抜け空間と高層書架がオシャレ、館内にスターバックスがあって、コーヒーを飲みながら本や雑誌を読める、新刊書店、レンタル店（蔦屋書店）が併設されてて便利など、とにかく、従来の図書館にはない民間ならではの斬新な試みとして注目されたのです。

ところが、しばらくすると、おかしなことが次々発覚しました。いつの間にか大事な郷土資料が廃棄されていたり、価値のない古本を大量に図書館蔵書として購入していたり、書店方式の独自分類がわかりにくかったり、貸し出しに採用したTカードは個人情報保護に不安といった問題が噴出したんですね（図表2）。

ふつう、そういう不祥事を起こすような企業は、信用を落としてしまい、少なくとも、公共図書館運営など公務の仕事を受託するのは難しくなるのですが、どういうわけかTSUTAYAの本部であるCCCは、まったく様子が違ってました。

2015年に神奈川県海老名市にもオープンしたあと、2016年宮城県多賀城市、2017年岡山県高梁《たかはし》市、2018年山口県周南市と、新しい受託館を獲得していき、ツタヤ図書館を増やしてきたのです。

そして、ついに昨年（2017年）末、CCCは、初の県庁所在地である和歌山県和歌山市でも受託に成功。来年（2019年）完成する駅ビルの新しい図書館の指定管理者にCCCが選定され、なんか裏で癒着してんじゃないのって疑ってしまうほどの勢いなんです。

進出した自治体では、議会も議員も、なぜかCCCを必要以上にありがたがる傾向がありました。不祥事があってもお咎《とが》めなし。メディアも、地元紙は不祥事をほとんど黙殺、「来館者何万人突破！」などヨイショする記事しか出しません。

時期	海老名市立中央図書館での不祥事・疑惑
2015年9月	開館直前、購入予定の選書リスト約8000冊のうち半数近くが「料理本」と判明。付録としてタジン鍋、おろし金、メガネ拭きなどが混入。また、アジアの風俗ガイド本など不適切な図書も見つかる
	新装開館前日の記者会見で、館長を務める高橋聡氏が「武雄市図書館の時、僕たちはド素人でした」と告白
10月	平成26（2014）年度図書購入費など約3億円のうち未執行分の約9000万円がCCCから海老名市に返却されていないことが発覚
	CCC独自のライフスタイル分類による図書の配架が話題になり、職員すらどこに何があるのかわからず大混乱に陥る
	共同で海老名市立図書館を運営していたTRCが「企業理念が異なるのでCCCとは一緒に仕事できない。海老名からは撤退する」と離脱を表明するも、海老名市長の仲介で撤回
11月	指定管理者の応募に必要な資格だったプライバシーマークをCCCが返上していたことが発覚
12月	指定管理者導入でコスト削減といわれていたが、運営費が導入前に比べて倍増していることが市議会で追及される
	CCC・TRC共同事業体との海老名市立図書館の基本協定解約と、市長へ約6億円の損害賠償請求することを求めて、市民が横浜地裁に提訴
	図書館のウェブサイトに掲載したイベント案内ページの画像を、他社のウェブサイトから盗用していたことが発覚。文章も、他社の生活総合情報サイトに掲載された記事から無断転用していた
2016年1月	図書館でTカード機能付貸出カードを作ったら、図書館と直接関係のない企業のDMが送られてきたとのツイートを発端に、CCC管理によって個人情報が図書館の外に流失しているのではとの疑惑が浮上
4月	市民が来館者データの情報開示請求をしたところ、来館者数カウントで不正が行われているのではとの疑惑が浮上
6月	電気・水道のメーターが市立中央図書館と、目的外使用部分（スターバックスコーヒー、蔦屋書店）で別契約になっていないことが判明。「8：2の割合で支払っている」と市教委答弁するも、市民の税金で民業部分の経費を一部負担しているのではとの疑惑が浮上

【図表2】「ツタヤ図書館」で起きた不祥事や疑惑の一例。特に多くの問題が噴出した「海老名市立中央図書館」（「武雄市図書館」に続く全国で2例目となるツタヤ図書館）での出来事を列記した

その間も、古本大量購入、天下り館長人事、予算流用、著作権侵害、住民訴訟、個人情報流出疑惑など、本当にこれでもかというほど次から次へと不祥事や疑惑が話題になっているにもかかわらずです。

和歌山で起きていたこと

私は、2015年後半くらいからビジネスジャーナル（ニュースサイト）上に、ツタヤ図書館関連のニュース記事を何本も書いてきたんですが、書いてるうちにだんだん感覚が麻痺《まひ》して、「またかいな」と、多少のことでは驚かなくなってきました。それほど不祥事が続いたのです。

そして、昨年（2017年）の12月から2月にかけては、舞台を週プレNEWSに移して「和歌山市ツタヤ図書館決定」の内幕を詳しくレポートする記事を何本か連載しました。

このときにわかったのは、和歌山市では、これまでのツタヤ図書館とは比較にならないくらい、とんでもなく、おかしな事態が進行しているということです。

何がおかしな事態かというと、その事業規模の大きさです。新しい市民図書館ができる南海電鉄・和歌山市駅前の再開発は、総事業費が123億円。なんとそこに公的な補助金が64億円（図書館建設費30億円を入れると公金合計94億円）も投入されることになっていたんです。

ちなみにそれまでのTSUTAYA進出自治体では、補助金の金額は、せいぜい数億〜十数億円規模にすぎませんでした。和歌山市は、その数倍の規模なんです。

補助金の原資は、もちろん税金です。よって、その事業の詳細プロセスについては、市が公表しているだろうと思って検索したり、あちこち聞いてみたりしておりましたが、知りたいことがほとんど何も出てきませんでした。

とりわけ知りたかったのは、建物の基本設計を担当する株式会社アール・アイ・エー（RIA）がどのようにして選定されたのかということでした。TSUTAYAを運営しているCCCとRIAは、特別な関係にあります。CCCのフラッグシップともいえる、あの代官山蔦屋書店を設計したのがRIAなんです。

情報開示義務なし

なので、RIAが建物の基本設計を担当した時点で、図書館の指定管理者はCCCに内定していたのではとの疑念を抱いて、そのプロセスを調べたわけです。

ところが、図書館が入居するビルの施主は、和歌山市ではなく、南海電鉄であることが判明。問い合わせしても、市は「施主でないので、知らない」というし、南海電鉄は、民間企業には、情報開示義務がないためか、まともな回答をしないんです。いやいや、ちょっと待って。64億円もの公金をもらうのに、民間企業だから情報開示義務がないなんて、ありえない。そう思いますよね。

そこで、市にこんな情報開示申出をしました。

「来年開業予定の市民図書館について、南海電鉄と話し合ったすべての文書」

これだったら、ＲＩＡ選定プロセスくらいはわかるはず。そう思って、４月下旬に開示申出をメールで送って待ちました。14日めに、45日延長決定の連絡。開示決定後もコピー代送付などのやりとりをして、現物が届いたのは７月の頭でした。

そして送られてきたのがダンボール箱にビッシリ入った１４００枚の文書。開封すると、そのほとんどが真っ黒。全面黒塗りの文書だったのです。

１４００枚の公文書のうち、黒塗り部分の割合は約92%

和歌山市から開示された１４００枚の黒塗り資料についての背景がひととおりわかっていただけたと思う。今度は、その資料に、筆者がどのように対処しようとしたのかについても、振り返っておきたい。

大量の黒塗り文書を前にしたときの心境は、５年以上たったいまも鮮明に記憶に残っている。まず、いつもならＡ４判が入る事務用封筒で送られてくるはずの開示資料が、ダンボール箱でドンと届いたことに驚いた。開封してみると、そこには隙間なくビッシリと書類が詰め込まれていたことに驚いた。さらには、中身の資料をひっぱり出してみたら、出てくる紙という紙のほとんどが、真っ黒に塗りつぶされていたことに驚いた。

担当課との事前のやりとりのなかで、１４００枚の資料が開示されることと、その多くが黒塗りだろうということは、なんとなく頭では理解していたつもりだったのだが、いざ現物を目の前にしたときの衝撃は、まるで予想しないものだった。

自宅の空き部屋に、その一部をダンボールから出して一枚一枚広げて並べてみると、「圧巻」とか「壮観」というより、「悪寒」が走るような、忌まわしい光景が目の前に現われて、たちまち気が滅入ってしまった。

いったい、これをどうしたらいいのか。正直いって、当初、この資料から何かを解明したいという意欲はまったく湧いてこず、まして、黒塗りの中身を暴くなどという、だいそれた気持ちはサラサラ起きなかった。知りたいことへアクセスするドアが完全に閉まってしまったのだから、そこで私の仕事は終了。これ以上、何をどうやって調べたらいいのか、途方に暮れていたというのが、正直な気持ちだった。

とりあえず、タイトルや日付、出席者など、黒塗りされていない部分の内容を表にしてみるという方法を取ることにした。

内容を解析することは、ほぼ絶望的だけれども、こういう非常識な情報開示を和歌山市は行っているという事実だけでも、一本の記事にして発表し、この件は一区切りつけよう。そういう気持ちでスタートしたのだった。

とにかく、なんでもいいから、わかっている事実だけでも抜き出して表にしていこう。そう思うと、ずいぶん気持ちがラクになったことを覚えている。手間はかかるものの、特に何も考えずに、ルーティンの作業として黙々と続けていけるからだ。

議事録名(回数)・開催時期		総頁数	全面開示	全面黒塗り	一部黒塗り［読める部分の行数※］
実施設計会議(全16回)・2017年7月4日～18年4月9日		176頁	19頁	142頁	15頁［69行］
図書館定例会議(全13回)・16年4月28日～17年1月11日		185頁	2頁	157頁	26頁［119行］
南海和歌山市駅周辺活性化調整会議(全69回)	(9回)・14年6月3日～14年12月17日	107頁	7頁	71頁	29頁［78行］
	(22回)・15年1月29日～15年12月21日	330頁	9頁	215頁	106頁［362行］
	(20回)・16年1月13日～16年12月16日	401頁	18頁	278頁	105頁［298行］
	(18回)・17年1月11日～18年4月3日	273頁	24頁	177頁	72頁［283行］
合計		1472頁	79頁	1040頁	312頁［1209行］

※見出しがわかり本文が読める部分のみ、行数をカウントした

【図表３】和歌山市と南海電鉄による新・和歌山市民図書館建設についての話し合いに関連する公文書の開示内容一覧（筆者調べ）

では、和歌山市から開示された文書というのは、いったいどういうものだったのだろうか。図表3をみてほしい。これが１４００枚におよぶ開示文書について、タイトル別に、日付やページ数など基本的項目を表にしたものである。

まず「実施設計会議」。南海電鉄・和歌山市駅の駅前に建設される公益施設棟（市民図書館が入居予定）について、基本設計や実施設計について話し合う会議が２０１７年７月から２０１８年４月までに計16回開かれている。

これに対して、公益施設棟に入居する市民図書館に限定した基本設計について

議事録名	総頁数	全面開示	全面黒塗り	一部黒塗り［読める部分の行数※1］	読める部分の行数を頁数に換算※2	総頁数に占める読める部分	黒塗り率
実施設計会議	176頁	19頁	142頁	15頁［69行］	21.3頁	12.10%	87.90%
図書館定例会議	185頁	2頁	157頁	26頁［119行］	6頁	3.24%	96.76%
南海和歌山市駅周辺活性化調整会議	1111頁	58頁	741頁	312頁［1021行］	92頁	8.28%	91.72%
合計	1472頁	79頁	1040頁	353頁［1209行］	119.3頁	8.10%	91.90%

※1：見出しがわかり本文が読める部分のみ、行数をカウントした
※2：1頁あたり30行と想定し、「（読める部分の行数÷30）＋全面開示の頁数」で算出した

【図表4】筆者が2018年4月20日に行った、和歌山市教育委員会に対する開示申出の結果として開示された公文書（約1400枚）に占める黒塗り部分の割合（筆者調べ）

話し合う会議が「図書館定例会議」。こちらは2016年4月から2017年1月まで計13回開催されている。

そして、意思決定プロセスの核心部分といえるのが、和歌山市駅前再開発プロジェクト全体についての三者（和歌山市、和歌山県、南海電鉄）による会議の本流である「南海和歌山市駅周辺活性化調整会議」（以下「調整会議」）だ。2014年6月から月に1〜2回のペースで開催され、2018年4月までに69回開催されていた。

これらの文書には、日時、場所、参加者のほか、協議事項や意見交換の内容までが詳しく記されているようだが、

残念ながら、開示文書で読めるのは冒頭の数行のみ。あとは、見出しと発言者を除いて大半の行が黒塗りされている。

こうした会議が2014年6月から、筆者が開示申出した2018年4月までに、都合100回ほど開催されており、議事録とその場で配布された資料を合わせると、約1400枚におよぶ。そのうち全面黒塗りは約1000ページだった。

黒塗りされてない部分が意外に多いと感じられたかもしれないが、一部黒塗り部分が全体に占める割合までみていくと、黒塗りの壮絶さがより鮮明になる。前ページの図表4をみてほしい。開示された文書について、会議の種類別に、「総ページ数」「読める部分の行数（黒に塗っていない行数）」などをカウントしたうえで、総ページ数に占める黒塗りページ数の割合を計算した黒塗り率は、およそ92％だった。

黒塗りの隙間に見出した、和歌山市民図書館移転計画の謎を解く鍵

全体像がわかったところで、今度は、会議録の内容の分析である。といっても、中身はほとんど黒塗りのため、わずかに黒塗りされなかった項目を、できるだけ丹念にひとつひとつ拾っていった。具体的には、出席者はどこの部署からきているのか、それぞれの部署

別に何人出席しているのか、さらには、消されていない部分の気になる内容を備考欄に書き出してみた。

会議の中身もロクにわからないのに、参加者の人数や組織をいくら調べたところで、何もわかるはずがない。おそらく徒労に終わるんだろう、と半ば諦めの境地に達していたなかでの作業だったものの、ひょんなことから、このプロジェクトの謎を解く鍵がひとつ見つかった。


2014年11月11日に行われた調整会議の場で配布されたと思われる会議次第のレジュメには「武雄市図書館等の視察について」という項目があった（画像7）。スターバックスと蔦屋書店を併設した元祖ツタヤ図書館へ、調整会議のメンバーがそろって視察に出かけることになっていて、そのスケジュールの確認や注意事項のアナウンスがこの会議でされていたようだった。

これは、きっと何かあるな——。

そう思った筆者は、すぐさま和歌山市と和歌山県に対して、このときの行政視察の詳細がわかる追加の文書の開示を求めたところ、意外な事実が判明した。

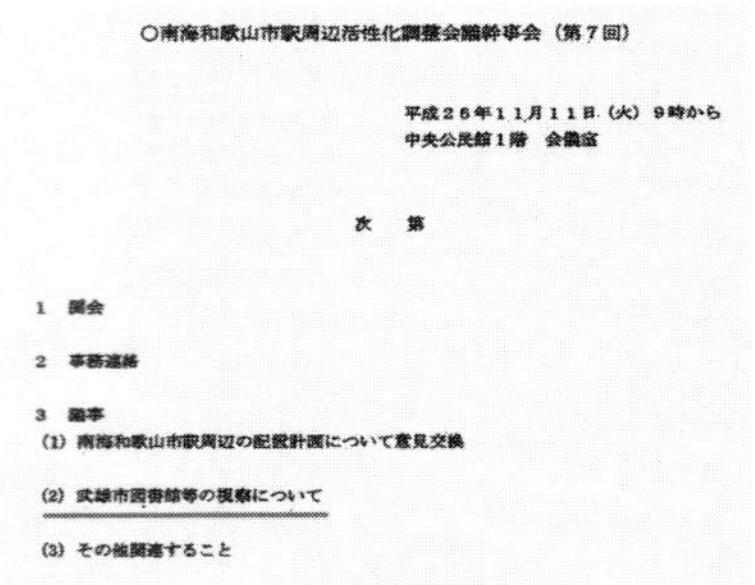
○南海和歌山市駅周辺活性化調整会議幹事会（第7回）

平成26年11月11日（火）9時から
中央公民館1階　会議室

次　第

1　開会

2　事務連絡

3　議事
（1）南海和歌山市駅周辺の整備計画について意見交換

（2）武雄市図書館等の視察について

（3）その他関連すること

【画像7】2014年11月11日に行われた「南海和歌山市駅周辺活性化調整会議」に関する資料。「武雄市図書館等の視察について」話し合われたことがわかった

第一に、参加メンバーの多さと顔触れ。和歌山市から4名、和歌山県から3名の計7名が自治体サイドからこの視察に参加していた。会議の出席メンバーであるRIA1名と、南海電鉄2名も参加していることが予想される。それを加えたら、総勢10名もの大視察団である。

この手の行政視察では、首長や特定会派の議員たちが連れ立っていく、半ば慰安旅行も兼ねたものは、めずらしくないのだが、官民連携したプロジェクトの実務者メンバーが、これだけ多人数で連れ立っていく視察は、かなり異例というか、異質である。いったい、なんの目的で出かけたのだろうか。

残念ながら、和歌山市から開示された資料には、出張するにあたって申請・許可される旅行命令簿のみ。出張の目的や内容、成果などを記載した復命書（出張報告書）については、和歌山市も和歌山県も、保管期限1年を経過してすでに廃棄されていたため「不存在」だった。

それでも、この視察がわかったとき、なるほど、指定管理者をCCCに選定する3年以上前となる2014年11月の時点ですでに、和歌山市はCCCによる武雄市図書館・歴史資料館と同じスタイルのものを南海電鉄・和歌山市駅の駅ビルにつくることを決めていたのかと、ある種の確信めいた気持ちが湧き上がってきた。もちろん、それは筆者の単なるカンではない。

公募せずに指定管理者を選定していた多賀城市立図書館という前例

市当局の行政視察に筆者が敏感に反応したのには、前例があったからだ。前例とは、宮城県にある多賀城市立図書館での公文書隠蔽事件である。

武雄市、海老名市に続く〝第三のツタヤ図書館〟として2016年に駅前に新館が開館した多賀城市では、CCCを指定管理者に決定する1年近く前の2013年7月25〜26日にかけて、市教育委員会スタッフ3名が武雄市へ視察と称して出かけていた。まだ指定管理者の募集すら始まっていない段階で、のちに指定管理者になるCCCと会談していたのだ。このときの2日分の報告書があるはずと、2013年8月の市議会文教厚生常任委員会で追及された際、市教委は、1日分のみ公開し、CCCとの打ち合わせ内容が記された2日目については「図書館を案内されただけで、報告書はない」としていた。

ところが、後日、匿名の人物から復命書の全文が関係者に送られてきたことで、市教委とCCCが極秘で会談していた内容があきらかになった。

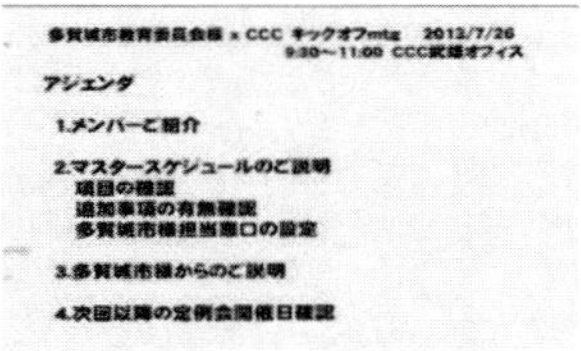
多賀城市教育委員会様 × CCC キックオフmtg　2013/7/26
9:30〜11:00 CCC武雄オフィス

アジェンダ

1.メンバーご紹介

2.マスタースケジュールのご説明
項目の確認
追加事項の有無確認
多賀城市様担当窓口の設定

3.多賀城市様からのご説明

4.次回以降の定例会開催日確認

【画像8】当初は存在しないとされていたが、実際にはあったことがのちに判明した資料

画像8をみてほしい。これが、筆者が当時、独自に入手した問題の復命書である。武雄市図書館を訪問した多賀城市教委の職員が現地でCCCのスタッフと開館に向けて綿密に打ち合わせをした内容がまとめられており、質疑応答のほか、驚くべきことに、開館までのスケジュールがCCCサイドから提示されていたのだ。

当時、海老名市では、武雄市に続き二例目のツタヤ図書館が開館したばかり。CCCの運営手法に批判が集まるなか、翌年、第三のツタヤ図書館としてオープンする予定の多賀城市でも、水面下でおかしなことが行われていた。市民のみえないところで、自治体は公募もせずに、あからさまに一民間事業者と癒着している構図があぶり出された格好だ。

ちなみに、多賀城市では、のちに市民が問題の出張文書について開示請求したところ、唯一開示された復命書の1日目の分すらも黒塗りだらけで何もわからないようになっていたという。

移転計画を主導している建設コンサルタントが存在した

多賀城市教委の職員が武雄市を視察した翌年の2014年11月、今度は和歌山市の実務者がそろって視察していたとなれば、和歌山市でも、多賀城市と同じこと、つまり現地でCCCスタッフと実務的な協議が行われていたのではないかと考えるのが自然である。そして、これまた多賀城市と同じように、和歌山市でも、実務者が水面下で詳細な打ち合わせまでしていたのではないかと筆者はとらえ、しつこく追加の開示申出をすることになったわけだ。しかし残念ながら和歌山市では、肝心の打ち合わせ内容が記録された復命書は、すでに廃棄されていた。

その代わり、一連の会議や視察の段取りを整えていたのは誰かということが、おぼろげながらみえてきた。このとき、追加で和歌山市が開示した旅行命令簿に添付されていた旅程表には、視察団に関する貴重なヒントが隠されていたのだ。

その旅程表には、「15：00 熊本駅周辺視察 くまもと森都心（RIA様実績視察）他 熊本市あるいはRIA様より事業のご説明をしていただきます」——との記述があった。

RIAとは、先述したとおり、CCCの旗艦店・代官山蔦屋書店を手がけたアール・アイ・エーのこと。のちに和歌山市民図書館の基本設計から、実施設計、工事監理までを担当することになる設計事務所であり、かつ和歌山市の再開発プロジェクト全体を資金計画からトータルに主導してきたとされる建設コンサルタントでもある。

「RIA様」となっているのは、旅行業者が旅程表を作成したからだろう。では、この視察旅行の主催者は誰なのか。ある図書館関係者が、こう分析してくれた。

「旅程表を依頼したのは、南海電鉄かRIAでしょう。南海電鉄であれば、RIAは南海電鉄の委託業者にすぎないので、旅程表に『RIA様』の文字が出てくることはないでしょう。また『熊本市あるいはRIA様』とあって『熊本市様あるいはRIA様』となってはいません。つまり、RIAがお客様＝主催者だったと考えるのが自然です」

筆者はそこまで考えが及ばなかったが、なるほど、旅行業者が「様」をつけた相手こそ、この視察を主催したRIAだったと考えれば、すべてがうまく説明できそうだ。

ちなみに、旅行命令簿に名前のあった和歌山市都市再生課の担当者を電話で直撃したところ、その担当者は武雄市へ視察に出かけたことすら「記憶にない」と完全否定していたが「（旅行命令簿には）〇〇さん（直撃した職員）の名前もありますが」と水を向けたとたん「そういえば、参加しました」と、アッサリ視察の事実を認めた。このとき、黒塗りされていない開示資料の威力を改めて痛感することになった。

さて、和歌山市の調整会議の関係者が、まだ正式には何も決まっていない時点でツタヤ図書館発祥の地ともいえる武雄市を視察していた事実は、改めてその主催者とおぼしきRIAがこのプロジェクトを差配していることを強く印象づける結果となった。それは、とりもなおさず、多賀城市でCCCとタッグを組んでツタヤ図書館の設計から資金計画までを担ってきた同社が、和歌山市でも同じようなスキームでツタヤ図書館を実現しようとしていたことを意味する。ある図書館関係者は、こう話す。

「和歌山市民図書館の指定管理者は形だけ公募され、業界最大手のTRC（図書館流通センター）とCCCの一騎打ちになりましたが、結果はCCCの圧勝でした。市は、最初からCCCに決めていたのではないかと囁《ささや》かれています。CCCがRIAによる駅前再開発計画を持ってきたからです。市は、CCC流の賑《にぎ》わい創出を目的としたツタヤ図書館のほうが、巨額の補助金を得られるので有利と判断したのでしょう」

和歌山市民図書館移転計画と国土交通省をつなぐ2人のキーパーソン

武雄市の元祖ツタヤ図書館への視察に関する、和歌山市と和歌山県が開示した旅行命令簿からは、この巨額補助金プロジェクトの陰の主役は誰だったのかという疑問の解明につながる、もうひとつ重大な側面がみえてきた。

武雄市を視察した和歌山市の視察団は、武雄市の記録によって、総勢15名だったことがのちに判明。うち行政側は、和歌山市から4名、和歌山県庁から3名の計7名。和歌山県が開示した旅行命令簿をみていくと、そのなかで、ひときわ目立っていたのが、県都市住宅局・都市政策課長（当時）の皆川武士氏である（画像9）。

調べてみると、皆川課長は、もともと県庁の人ではない。２０１２年に国土交通省から人事交流で派遣されてきた若手のキャリア官僚だった。当時まだ30代で、一般的な「天下り」にはあてはまらないかもしれないが、中央官庁からの影響力を背景にした人事であることに変わりはない。

行政側と開発主体である南海電鉄が定期的に協議する「調整会議」にも、皆川課長は発足当初からほぼ毎回出席している（画像10）。

さらに詳しく調べていくと、同氏がツタヤ図書館を核とした和歌山市駅前再開発プロジェクトのなかで果たした役割を示す証拠が出てきた。同氏が、2015年7月に退任して国交省に戻る際、地元メディアに「皆川課長は、任期中（中略）、和歌山市駅前の再開発に道筋を付けました」と報じられていたのである。

これはいったい、何を意味するのか。周辺取材を進めていくと、陰の主役ともいえる国交省の存在がみえてきた。

新図書館を目玉とした和歌山市駅前再開発プロジェクトには、当時、少なくとも64億円もの補助

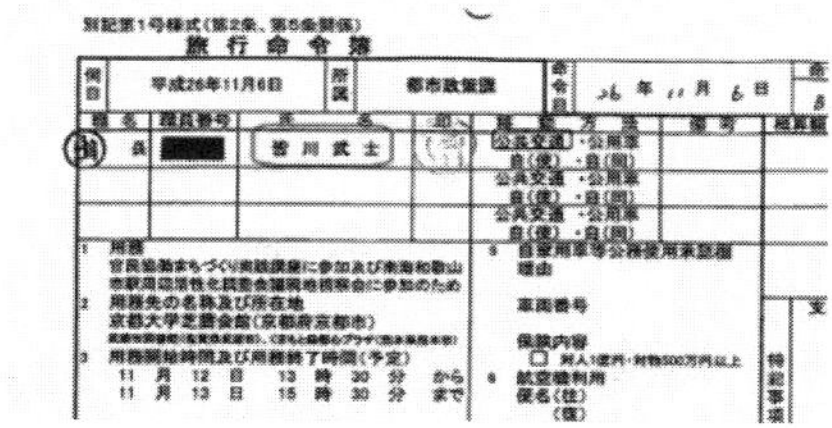
旅行命令簿

発令日 平成26年11月6日	所属 都市政策課	命令日 26年11月6日	
課長	[redacted]	皆川武士	公共交通

1 用務
2 用務先の名称及び所在地
京都大学芝蘭会館（京都府京都市）
3 用務開始時間及び用務終了時間（予定）
11月12日13時30分から
11月13日15時30分まで

【画像9】和歌山県都市住宅局・都市政策課長だった皆川武士氏が武雄市図書館などを視察したことが記された旅行命令簿

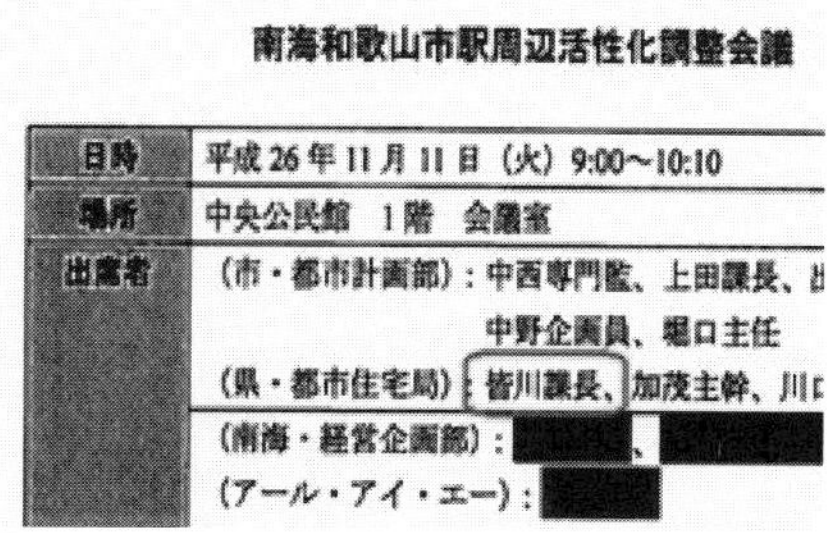
南海和歌山市駅周辺活性化調整会議

日時	平成26年11月11日（火）9:00～10:10
場所	中央公民館　1階　会議室
出席者	（市・都市計画部）：中西専門監、上田課長、
	中野企画員、堀口主任
	（県・都市住宅局）：皆川課長、加茂主幹、川
	（南海・経営企画部）：[redacted]、[redacted]
	（アール・アイ・エー）：[redacted]

【画像10】出席者が記された「南海和歌山市駅周辺活性化会議 幹事会 記録」

金が投入される見込みだった。その半分の32億円は国から交付される。和歌山市駅前の再開発は、2016年に国交省が管轄する社会資本総合整備計画事業に認定されていることからすれば、巨額の補助金獲得に国交省出身の皆川氏が少なからぬ役割を果たしたと考えても、あながち的外れではないだろう。

2番目のポイントは、国の補助金と結び付いた政治との関係である。武雄市の視察に、和歌山市から参加した4名の顔触れをみると、こちらにもキーパーソンがひとりいた。和歌山市都市計画部の「部長級」とされている中西達彦氏である。同氏について、自治体関係者はこう話す。

「中西さんは県庁から市の都市整備課に人事交流で来た専門技官です。確か、2016年には県庁に戻って県土整備部の都市住宅局長になっているはずです」

県庁の都市住宅局といえば、前出の皆川氏が国交省から派遣されていた部署である。2014年8月に和歌山市長に当選した尾花正啓《まさひろ》氏の古巣も県土整備部だったことを考えれば、のちにそこの局長になった中西氏は、尾花市長が古巣の県庁から連れてきた「懐刀」という見方もできるかもしれない。

ちなみに、尾花市長の後任として県土整備部長になった石原康弘氏も、皆川氏と同じく国交省から人事交流で和歌山県庁に来ていて、皆川氏と同じタイミングで本省に帰任している。さらに、皆川氏の県庁での後任も国交省から来た若手キャリアだった。

国から県庁に職員が派遣され、県庁にいた技官が市に派遣されるというトコロテン方式はいったい、何を意図したものなのだろうか。さらには、県庁にいた職員が、やがて市長になって、巨額の補助金事業を執行するという構図も、そこに至るまでには、何か特別な事情がありそうだ。

皆川氏と中西氏という2人のキーパーソンから浮かび上がるのは、総事業費123億円におよぶ和歌山市駅前再開発の計画を陰で主導していたのは、国交省だったのではないかという推論である。

こうして、黒塗りされていない一枚の旅程表に書かれていた視察記録から、和歌山市駅前再開発事業においての陰の主役は、RIAという建設コンサルタントに加えて、県と市に職員を送り込んでプロジェクトを差配しようとしている国交省という二者であることがみえてきた。

それまでは、ほとんど何もわからないと半ばサジを投げていた筆者も、この期に及んでは、俄然《がぜん》やる気が出てきた。暗闇の先に一筋の光がみえてきたような気分だった。当初、大量の黒塗り文書が開示されたことをレポートする一本の記事だけのつもりだったのが、和歌山市の調整会議メンバーがこぞって元祖ツタヤ図書館を視察したことがわかったことを契機に、2018年10月からほぼ1年間、ビジネスジャーナルで月1〜2本のペースでこの問題を追及していくことになったのである。

巨額の補助金が得られる再開発事業の中核施設として利用された図書館

では、どうして南海電鉄という一民間事業者による駅前再開発事業（駅ビル再建築）に、建設コンサルタントや国がからんでくるのだろうか。周辺取材を進めていくと、少しずつ国や事業者の意図がみえてきた。

スタートラインは、もちろん、市民に愛される素晴らしい公共図書館をつくりたいという動機などではない。おおよそそのような市民本位の政策とは、真逆にある役人サイドの論理だった。

前出の図書館関係者が、こう解説してくれる。

「国から補助金を受けられる事業として認定されるためには、人が呼べる公共施設は不可欠です。なかでも図書館は中心拠点誘導施設として最適。2013年に登場した武雄市の元祖ツタヤ図書館が『年間100万人来館する官民連携の図書館』（実際には、初年度92万人）と注目されたことから、それを和歌山市にももってきたいという思惑だったのでしょう。まさに、巨額補助金が支給される駅前再開発のダシに図書館が使われているといえますね」

加えて、ある国交省関係者は、地方自治体と国の省庁との人事交流についてこう話す。

「市のレベルでは（国交省との人事交流は）あまりありませんが、県庁なら双方向であります。国交省は（地方自治体の）現場を知らない人物では務まらないし、逆に自治体は国の制度を知らないといけない。そのため、双方向からの交流は有意義です。補助金の制度も頻繁に改定されているので、そこをサポートする意味でも、国からの派遣は重宝されるのではないでしょうか」

国の補助金を上手にひっぱってくるためには、国交省キャリアの力は欠かせないということなのだろうか。ある図書館界の重鎮は、逆の立場から、国と自治体との関係をこう解き明かす。

「国が推進するコンパクトシティ計画（都市再生特別措置法に基づく立地適正化計画）が着々と進んでいます。もともと図書館は集客能力が高く、地方ではこれを入れた立地計画があちこちで進められました。図書館を目玉にした国交省・県と建設設計業者のかかわり、さらには図書館を指定管理にすることで指定管理業者とのかかわりが生まれ、地元の業者や役所の双方が甘い汁を吸う構造だと思います。

私がいた自治体でも、土木部長は国からの出向でした。大きな都市のほとんどが同様の構造になっていると思います。建設に限らず、国はそのような形で内側から自治体を支配しているように考えられます」

なるほど、国が自らの施策を実現するために自治体に職員を送り込む一方で、それを受け入れる自治体が国から巨額の補助金をもらうという構図なのだろう。

和歌山市では、どのようにして和歌山市駅の再開発の話が進んだのだろうか。ある市議会関係者は、尾花市長就任の経緯を次のように明かす。

「大橋建一前市長は、ハコモノが大嫌いな人でした。とにかく財政を立て直すことを優先していたので、保守系からは『失われた12年』などと揶揄《やゆ》されていたほどです。その後任としてかつがれたのが、県の県土整備部長だった尾花さんでした。そのため、周りの期待はかなり大きかったと思いますよ」

当時、市政の当面の課題だったのが、乗降客数が減り続けていた和歌山市駅とその周辺の再開発。乗降客数は1日2万人を切り、1972年の駅ビル完成当時と比べて半減。駅前の賑わいのシンボルだった高島屋が2013年に撤退を表明してからは、市議会や県議会でも中心市街地の空洞化対策に関する質問が相次いでいた。

そんななか、大橋前市長の市長選不出馬表明を受けて登場したのが、県土整備部長だった尾花氏だ。2013年秋に県庁を60歳で退職し、2014年8月に市長に当選後は、盤石な政治基盤を築いてきた。

そんな尾花氏が市長に就任する直前から始まり、市と県と南海電鉄の三者で和歌山市駅再開発について話し合うために設置されたのが、議事録がほぼ全面黒塗りで開示された「南海和歌山市駅周辺活性化調整会議」だったのである。

そうしてみると、尾花市長という存在は、地域経済が急速にしぼんでいくなか、ツタヤ図書館をテコにして、なにがなんでも中心市街地再開発を成功させたいという国と地元の意向を実現するために担ぎ出されたパーツのひとつだったのではないのかとすら思ってしまう。

新しい市民図書館が設置されるのは、総事業費123億円をかけて建設される和歌山市駅前の再開発エリアだ。この再開発事業を進める南海電鉄には、前述のとおり、総額で64億円の補助金が支給される。図書館部分の建設費30億円などを合わせると、図書館を目玉とした和歌山市駅前再開発事業に投入される公金は、合計94億円にものぼる。

123億円の駅前再開発事業を、南海電鉄は自己負担30億円弱で手に入れるわけだが、「94億円の公金に見合うリターンを和歌山市民は得られるのか?」との素朴な疑問に、おそらく即答できる人はほとんどいないに違いない。

第2章　開示文書があぶり出した自治体のデタラメ行政

情報公開条例の例外規定をコピペしただけの「不開示の理由」

市民が行政運営で知りたいことを役所に聞くと、役所にとって都合の悪いことは言葉を濁されてしまうことは日常茶飯事だ。だが、ひとたび情報公開条例に則《のっと》って、同じ質問を開示請求に切り替えて行うと、行政機関が作成・保有している文書を必ず開示しなければならなくなる。この制度が適正に運用されていれば、政官財が癒着した汚職や不正行為の疑惑などのスキャンダルが噴出することは、まずありえない。

行政機関に勤める職員は、市民から疑惑を招くような行為をしてしまえば、たちまち、その行為が開示請求によって露見して批判の的になり、場合によっては違法行為の責任を問われることが最初からわかっているからだ。誤解を招きかねない事業を進める場合には、逐一、そのプロセスについての途中経過を記録して透明性を確保するはずだ。

ところが、現実はそのようになっていない。行政機関における情報公開の気運の高まりとともに、一般の市民でも気軽に情報開示請求を行うようになった一方、森友学園の土地取引にかかわる疑惑や、桜を見る会の招待客リスト、安倍元総理の国葬招待客リストなど、あるはずの公文書がなぜか廃棄されていたり、黒塗りで開示されたりすることが、ここ数年、立て続けに起きている。いったい、何ゆえ、情報公開制度が正しく機能していないのか。何ゆえ、市民が開示を求める文書が廃棄されたり、全面黒塗りで出てきたりするのだろうか。

その基本的な仕組みを、筆者が体験した事例を通して詳しくみていきたいと思う。

別紙

件名	開示しないことと決定した部分	不開示の理由	該当条文
・南海和歌山市駅周辺活性化調整会議　記録 ・図書館定例会議　議事録 ・公益施設棟実施設計会議（要旨）	氏名	個人情報のため	和歌山市情報公開条例（以下「条例」という。）第7条第1号
	会議録及び配布資料の一部	法人等に関する情報であって、公にすることにより、当該法人等の権利、競争上の地位その他正当な利益を害するおそれがあると認められるため	条例第7条第2号
		実施機関内部における審議、検討、協議等の意思形成過程に関する情報であって、公にすることにより、率直な意見の交換若しくは意思決定の中立性が不当に損なわれるおそれがあるため	条例第7条第3号
		実施機関が行う事務又は事業に関する情報であって、公にすることにより、当該事務又は事業の性質上、当該事務又は事業の公正又は適正な遂行に支障を及ぼすおそれがあるため	条例第7条第4号
		公にすることにより、人の生命、身体、健康、生活又は財産の保護、犯罪の予防その他公共の安全と秩序の維持に支障が生ずるおそれがある情報であるため	条例第7条第5号
		法令の規定により、公にすることができない情報であるため	条例第7条第6号

【画像11】不開示理由の一覧には、和歌山市情報公開条例で「不開示情報」として、開示しなくていい条項の1号〜6号までを“総動員”していたが、どの部分がどの条項に該当するかの説明はどこにもなかった

画像11をみてほしい。これが2018年4月に筆者が行った「来年開業予定の市民図書館について、南海電鉄と話し合ったすべての文書」との開示申出に対する開示決定文書に付属していた「不開示の理由」の一覧である。どのような理由によって、一部を非開示として黒塗りしたのかが、ここに詳しく書かれていた。

要約すれば、上から順に、①「個人情報なので開示しない」（行政機関は、利用目的以外

の保有個人情報の提供を禁止されている）、②「企業秘密なので開示しない」、③「開示すると、率直な意見交換がしにくくなる」ということのようだ。

残る3つの開示しない理由については、何度読み返しても意味不明だった。

そもそも、これらの非開示理由がどの箇所にあてはまるのかも指定されておらず、条例で定められている規定に無理矢理あてはめているだけのような印象である。

非開示理由として、やはりいちばん大きいのが②の企業秘密だろう。この点は、当然、文書に名前の出る相手方にも開示していいかどうかを確認しているはず。そう思って、市民図書館の情報開示の担当者に問い合わせたところ、「もちろん、相手方の意向は、電話でしっかり確認しています」との回答だったため、その証拠となる文書を開示申出してみたところ、出てきたのが画像12の「口頭意見聴取記録票」である。小さくて文字が読めないと思うが、「意見聴取の結果」の部分には、どちらも次のように書かれている。

「法人等に関する情報であって、公にすることにより、当該法人等の権利、競争上の地位その他の正当な利益を害するおそれがあると認められるものについては、不開示とする」

これが市民図書館担当者がアール・アイ・エー（ＲＩＡ）と南海電鉄に電話をした際の、両社からの回答のすべてだという。しかも、両社ともに、市側の意向確認に対して、一字一句違わず、まったく同じ回答をしている。

事業者としては、１４００枚におよぶ開示資料すべてについて、どことどこを非開示にしてほしいという個別具体的な箇所を伝えるのは難しいとしても、せめて「こういう情報は控えてほしい」と例示くらいはしたのかと思ったら、そんなやりとりすらなかった。意思確認は形式的にすぎず「和歌山市さんに任せるから、いいようにやっといて」ということだったとしか考えられない。

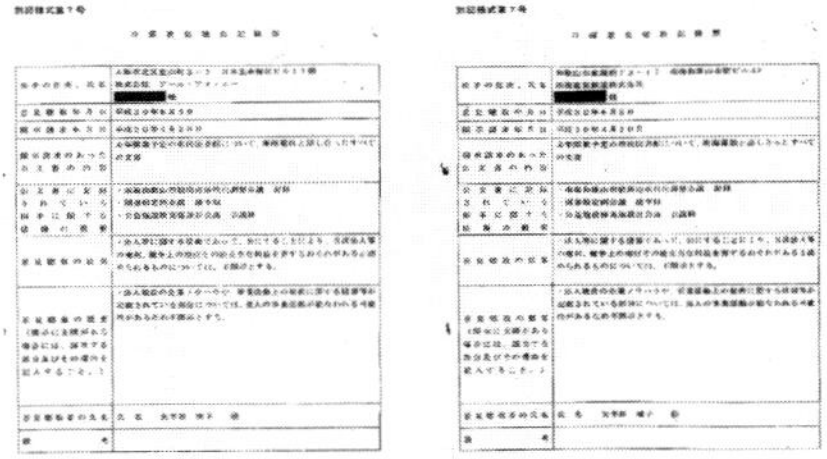

【画像12】和歌山市がアール・アイ・エー（RIA）と南海電鉄に確認したことを示す「口頭意見聴取記録票」。「意見聴取の結果」の部分には同じ文言が書かれている

なお、後日、筆者の取材に対して南海電鉄の担当者は「実際にどこを消してくれとかいう話は一切していない。一例として、単価などは非開示にしてほしいとはいったが」とコメントし、文書開示にあたって、具体的な非開示箇所をほとんど指摘しなかったことを認

1）	個人に関する情報で特定の個人を識別できるもの等。ただし、法令の規定又は慣行により公にされている情報、公務員や独立行政法人等の役職員等の職に関する情報等は除く。
2）	法人等に関する情報で、公にすると、法人等の正当な利益を害するおそれがあるもの、非公開条件付の任意提供情報であって、通例公にしないこととされているもの等
3）	公にすると、国の安全が害されるおそれ、他国との信頼関係が損なわれる等のおそれがあると行政機関の長が認めることにつき相当の理由がある行政文書に記録されている情報
4）	公にすると、犯罪の予防、捜査等の公共の安全と秩序の維持に支障を及ぼすおそれがあると行政機関の長が認めることにつき相当の理由がある行政文書に記録されている情報
5）	国の機関、独立行政法人等及び地方公共団体の内部又は相互の審議、検討等に関する情報で、公にすると、率直な意見の交換が不当に損なわれる等のおそれがあるもの
6）	国の機関、独立行政法人等又は地方公共団体等が行う事務又は事業に関する情報で、公にすると、その適正な遂行に支障を及ぼすおそれがあるもの

【図表5】「行政機関情報公開法」に記された「不開示情報の類型」（総務省ウェブサイト「情報公開法制の概要」から転載）

めている。

改めて和歌山市情報公開条例をみてみると、開示しなくていい例外として、第7条1号～6号までに列挙されているのは、①個人情報、②企業秘密、③意思形成過程の情報、④事業の公正な遂行を妨げるもの、⑤公共の安全と秩序の維持に支障が生ずるおそれがある情報、⑥他の法令又は条例の規定により、公にすることができない情報――であり、前出の不開示理由一覧に記載されている内容と、ほぼ一致している。というか、不開示理由は、条例の条文をそのままコピペしているだけだった。

つまり、和歌山市は、条例で開示しなくていいとされている例外規定を総動員して、文書を黒塗りしてきていることがわかった。

ちなみに、この開示しなくていい例外の「不開示情報」は、和歌山市に限らず、全国どこの自治体の情報公開条例でも、細かい表現は微妙に異なるものの、ほぼ同様の規定が設けられている。また、国の行政機関を対象とした、行政機関情報公開法にも、表現は微妙に異なるが、こちらも、ほぼ同じ趣旨の規定が見つけられる（図表5）。

こうしてみていくと、国や自治体の情報公開制度は、現場の裁量によって、いくらでも開示拒否できる〝抜け道〟が用意されており、この制度が適正に運用されるかどうかは、開示請求の対象となった事業の担当課職員の情報公開制度についての理解の深さと良識いかんにかかっているといえる。

自治体職員の制度に対する理解不足が黒塗りを増やしている

では、いったい、どうして自治体の現場では、情報公開制度が市民本位に機能しない事態に陥っているのだろうか。

市民の参加による持続可能な市民社会づくりを推進しているＮＰＯ法人・まちぽっとの

理事を務める伊藤久雄氏は、自治体の情報開示に黒塗りが多い理由として、自治体職員の制度に対する理解不足を挙げる。

「情報公開を直接担当する課の職員は、制度について精通していますが、実際に開示する部分を決めるのは、開示請求の対象となった事業の担当課です。その各部署の職員が制度についての知識が十分でないままに、文書を開示すると、制度の趣旨から外れた不開示が多くなってしまうんだろうと思います。

とりわけ開示可否の判断が難しいのは、裁判のように、こういうケースではこうなるという過去の事例が数多く積み重なって〝判例〟として定着していかないことがあります。自治体によっては、情報開示請求の件数自体が少ないうえ、開示決定に対して不服を申し立てる審査請求をする例もめずらしかったりしますと、職員が場あたり的に対応するだけで、各組織内に判断基準が蓄積されていかないのが、ひとつの大きな原因になっていると思います」

逆にいえば、担当課の職員の情報公開制度についての理解が深まれば、結果は大きく変わってくるとして、伊藤氏は、2021年に自ら開示請求を行った東京都府中市の市民会館・中央図書館複合施設・ルミエール府中のＰＦＩ事業における情報開示の例を挙げる。ＰＦＩ（Private Finance Initiative）とは、施設の設計・建設から、維持管理・運営までを、特定の専門家集団（コンソーシアム）に一貫して任せる公共事業の新しい手法で、自治体が直接行うより安くて質の高い公共サービスが提供される利点があるとされる。

「２０２２年９月に15年の満期を迎えるルミエール府中のＰＦＩ事業は、２０２１年４月から２期目を担う事業者の公募がスタートする予定であることから、現事業の検証や導入可能性調査、運営支援業務委託者の選定など、その件にかかわる文書を一括して２０２０年11月に開示請求しました。翌月、出てきた約７００枚の文書の大半が一部非開示、つまり黒塗りになっていましたので、２０２１年１月に審査請求を行いましたところ、１カ月後、まだ審査会に諮る前に、市が一部開示決定の変更を通知してきまして、これまで黒塗りだった部分が一部開示となりました」

一部非開示となっても、そこで諦めずに、審査請求をして市の職員と一緒になって情報公開を拓《ひら》いていくスタンスが必要なのだろう。黒塗りで開示されたとしても、審査会に不服を申し立てることで、判定が覆ることは決してめずらしくないという。

伊藤氏は、開示結果に対する審査請求は、自治体の違法・不適切な支出に対して申し立てる住民監査請求よりもハードルが低く、市民に有利な結果が出やすいと指摘する。

「住民監査請求を審査する監査委員は、その半数は議員がなり、残り半数も役所のOBがなることが多いため、なかなか市長に不利な結論は出にくいのが実情です。その点、情報公開の審査請求のほうは、請求の内容を審議する審査会の委員は、弁護士などの有識者が何人か入っていますので、市長に忖度《そんたく》しておかしな結論が出るようなことはなく、わりと制度の趣旨に沿った結論が出やすい傾向があります」


ただし、和歌山市では、この審査請求ができるのは、市内在住・在勤者などに限定されている。そのため、筆者のケースでは、その〝本番〟にたどりつく門前でブロックされていて、それ以上は、どうあがいても前に進めなくなっていた。

市外在住者からの〝開示申出〟は受け付けるものの、それはあくまでも、条例に定めのない任意的な行為だ。そのため恩恵的な開示には応じるけれども、もし開示内容に不服があったとしても、審査請求はできないという建付けになっているわけだ。

つまり、和歌山市における筆者の開示申出は、担当した市の職員にとっては、最初から、審査請求によって不服を申し立ててくるリスクがまったくなかったことになる。どれだけ黒塗りしても、あとからその判定が覆る可能性はゼロ。そのため、担当者は、思う存分、文書を黒塗りにできたのではないのかというのは、私の邪推にすぎないのだろうか。

全国で開示請求されたもののうち、およそ半数が「黒塗り・非開示」

和歌山市以外の自治体ではどうなのか。調べてみると、実に、興味深いことが判明した。総務省が2018年3月に発表した「情報公開条例等の制定・運用状況に関する調査結果」によると、情報公開の請求権者として認めている者の範囲について「制限なし」、つまり「なんぴとも開示請求できる」としている市区町村は、全体の52・6％であることが判明。逆からみれば、残り47・4％の市区町村は、和歌山市と同じく、在住・在勤者などに限定していることになる。

そうしてみると、意外に在住・在勤者などに対象を限定している自治体が多いと思われたかもしれないが、これが政令指定都市だけに限定すると「制限なし」が100％となり、すべての政令指定都市は「なんぴとでも開示請求できる」となっている。また、都道府県単位でみても「制限なし」は95・7％となっていて、人口の多い都市部および都道府県単位では、国籍、住所などの属性に関係なく「なんぴとでも開示請求できる」ようになって

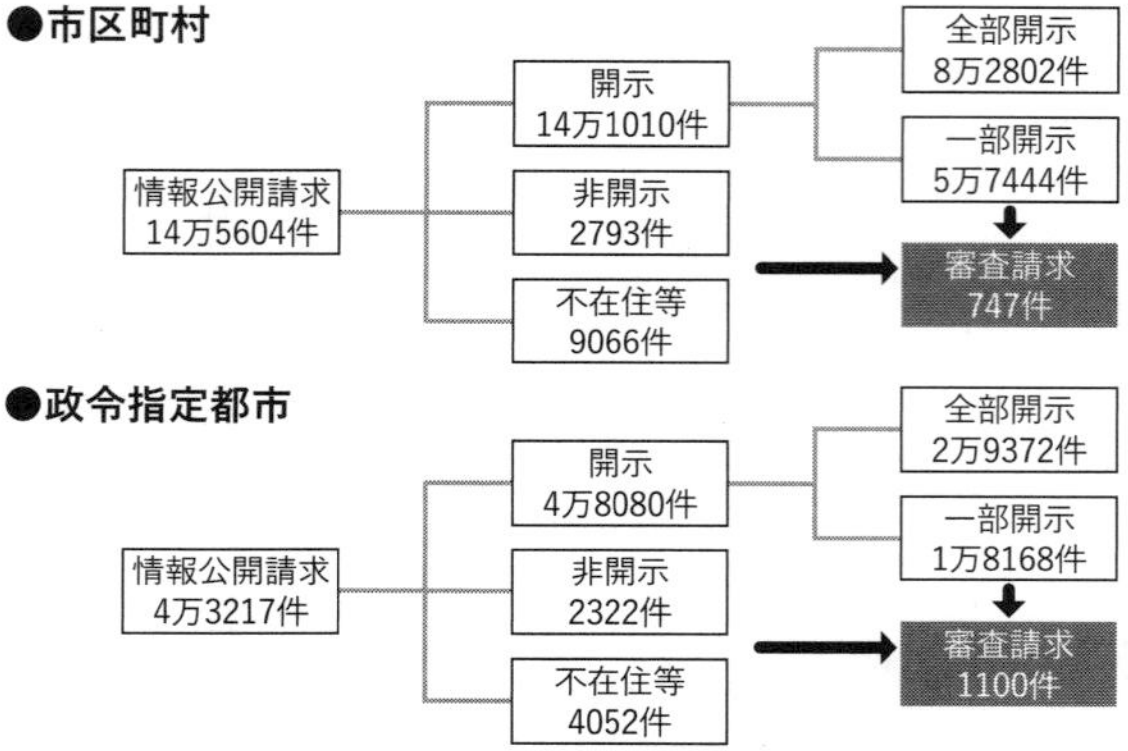

【図表６】市民からの情報公開請求を受けて、全国の自治体が「開示」または「非開示」とした件数（総務省が2018年３月に発表した「情報公開条例等の制定・運用状況に関する調査結果」から該当データを抜粋し、筆者作成）。開示件数の内訳（「全部開示」か「一部開示」か）は、１件の請求に対して複数の開示が行われたケースもあるほか、開示件数のみを回答した自治体があったため、構成比の合計が100％にならない。なお、「不在住等」とは、請求された内容の文書が「不存在」である場合や、開示対象者ではないとして開示に応じなかった場合など、「非開示」以外の理由で開示されなかった件数のこと

いることがわかる。

ところが、和歌山市のように政令指定都市ではない県庁所在地になると、とたんに開示請求者を在住・在勤者などに限定する自治体がゾロゾロと出てくるのが不思議だ。

実施状況はどうなっているのだろうか。情報公開についての総務省の調査をさらに詳しくみていくと、全国の市区町村で情報公開請求された14万５６０４件中、14万１０１０件が開示されている（図表

6)。そのうち、「全部開示」は8万2802件で、単純な構成比でみると、開示全体の6割弱が問題なく開示されていることになる。黒塗りが含まれると思われる「一部開示」は5万7444件と開示数の4割もある。

いわゆる「黒塗り」は「一部開示」に該当するため、それが約4割に該当する件数もあるとすれば、情報公開が円滑に機能しているとは言い難いだろう。

政令指定都市の調査結果をみると、情報公開請求されたのが4万3217件であるのに対し、開示が4万8080件（1件の情報公開請求につき複数の開示が行われることがあるため、請求件数よりも開示件数が多くなっている）。

開示された4万8080件のうち、「全部開示」は2万9372件と、こちらは6割強。「一部開示」は1万8168件の4割弱となっていて、市区町村よりも全部開示される率はやや高い傾向がみてとれる。

また、情報公開請求全体に対する「非開示」の件数をみていくと、市区町村は、14万5604件中2793件と、2％程度。それに対して、政令指定都市では、4万3217件の情報公開請求に対して「非開示」は2322件と、5％強である。

そうしたなかで、いちばんの驚きなのが、不服の申し立てを行う審査請求の少なさだ。

市区町村では、審査請求までに至るケースは、747件しかない。情報公開請求全体（14万5604件）の1％にも満たない。政令指定都市でも、情報公開請求4万3217件のうち、審査請求は1100件と少し多くなるものの、それでも2・5％程度しかなく、ほとんどの請求者は、不服を申し立てることなく、一度の開示だけで完結している実態が浮かび上がってくる。

なお、1件の情報公開請求につき複数の開示が行われることがあるため、この調査結果をもってして、単純に、開示率が9割以上あるとはいえない。また、開示件数に占める「全部開示」と「一部開示」の割合についてはある程度実態に即したものであるといえるものの、こちらも回答した自治体が「開示件数」のみ回答し、その内訳については回答していないケースがあるなど、それぞれを足しても構成比が100％にはならない。これらのことから、おおまかな傾向をつかむ程度のデータであることは理解しておきたい。

開示してほしい文書を特定できない場合は、役所の担当課に尋ねればいい

さて、ここで改めて、地方自治体における情報開示制度の基本的な仕組みと申請方法について簡単に解説しておこう。

まず、情報開示請求を行うには、自治体の情報公開制度を担当する課のサイト（または都道府県・市区町村の役所の情報公開窓口）に用意されている専用の用紙に、開示してほしい文書の内容と住所・氏名、連絡先、開示方法などを書いて、情報公開の担当課に送る。

先述したとおり、もちろん自分が住んでいる自治体でなくても情報開示請求はできる。条例で在住・在勤者などに限定している自治体でも、法的な義務のない任意の情報開示申出を行うことができるが、その場合、開示結果に対して不服の申し立てを行うことができない。その他の取り扱いは、開示請求とまったく同じだ。請求書の送付は、ファックスまたは電子メールによって行う。稀《まれ》に郵送でしか受け付けない自治体もあるが、ほとんどの自治体では、電子メールでも受け付けてくれる。電子申請システムでの申請が用意されている自治体もあり、そちらは本人確認はもちろん事前登録の手続きなしでできることが多い。

このとき、どう書いたらいいのか戸惑うのが、開示してほしい文書の内容だろう。役所がどんな文書を作成・保存しているのかわからないので、いきなり「これとこれを出してほしい」と文書を特定できるケースは稀だ。とりあえず、自分が知りたいことに直接関与している役所の担当課に電話して「こういうことについて知りたい場合は、どういう文書

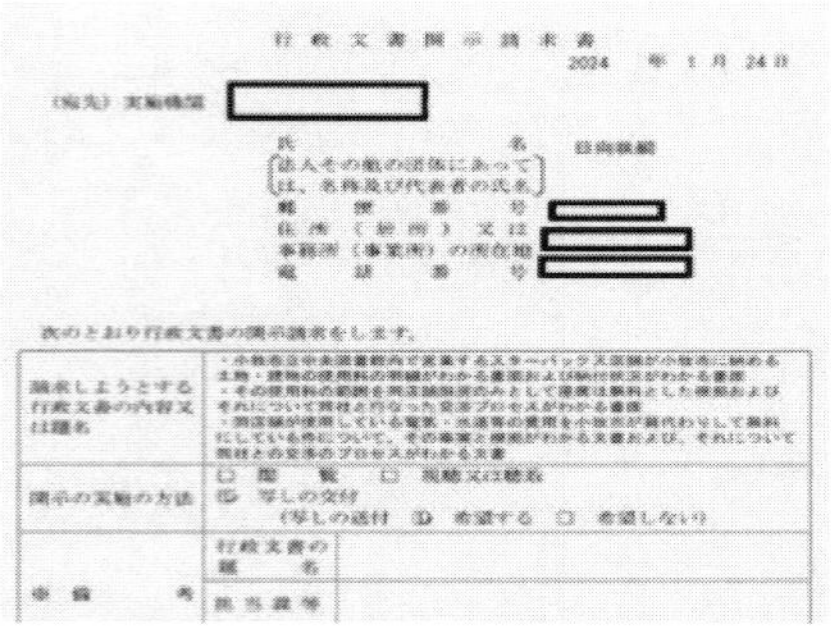
行政文書開示請求書

2024 年 1 月 24 日

（宛先）実施機関 [redacted]

氏名

（法人その他の団体にあっては、名称及び代表者の氏名）

郵便番号 [redacted]

住所（居所）又は事務所（事業所）の所在地 [redacted]

電話番号 [redacted]

次のとおり行政文書の開示請求をします。

請求しようとする行政文書の内容又は題名	[illegible]	
開示の実施の方法	□ 閲覧 □ 視聴又は聴取 ☑ 写しの交付（写しの送付 ☑ 希望する □ 希望しない）	
備考	行政文書の題名	
	担当課等	

【画像13】愛知県小牧市の中央図書館内で営業しているスターバックスの賃料について情報開示請求を行ったときの申請書。これを総務部の情報公開担当にメールに添付して送信した

を請求したらよいか？」と尋ねれば、親切に教えてくれるので、そこで教えてもらったとおりに書けばよい。

もちろん漠然と「～に関する一切の文書」としたり、あるいは「市長が～しなかった理由がわかる文書」とピンポイントで疑問を解消できそうな内容にするのもひとつの手法である。

なお、「宛先」は、事案によって市長になったり、教育委員会になったり、はたまた人事委員会になったりするので、わからないときはとりあえず空欄にしておくべし（画像13）。役所のほうで正しい宛先を追記してくれるので心配ない。

そうして請求書を送付すると、自治体によって期間が異なるが、役所はおおよそ14～15日以内に請求された文書を開示しなければならない。もし請求どおりに開示できない場合は、「一部開示」「非開示」「不存在」「延長」のどれかの決定を通知してくるが、少しややこしい内容になると乱発されるのが「延長」である。開示対象文書が多いため、期日内には対処できないので、もう少し待ってほしいというわけで、そこから45日程度（開示請求してから60日以内）の延長をする旨の連絡が文書でくる（任意の開示申出の場合は、文書ではなく、電話でくることが多いようだ）。

開示が決定されれば、あとは、担当課から、開示文書の枚数分の手数料と送料の納付を依頼してくるので、その指示どおりに費用を納めると、目的の資料が送られてくるという流れである。納付方法は、指定金融機関での振込または郵便為替か現金書留が一般的だ。

ちなみに、開示手数料は、ほとんどの自治体ではモノクロコピー１枚あたり10円だ。CDに記録したデータで開示してくれる場合はCD１枚１００円が多い。CDに記録したデータで開示する自治体でも、別途文書１枚あたり10円のコピー手数料を取る（和歌山市はこれ）こともあり、その場合、該当文書が大量になると費用負担はかなり重くなるので注意が必要だ。

以上は、地方自治体に限定した情報開示請求の流れである。国の機関へ開示請求書を送付する際には、３００円の収入印紙を貼ることと、開示決定までの期間が「30日以内」と長く設定されていることが異なるくらいで、あとの手続きの要領は地方自治体の場合と、ほぼ同じである。

黒塗りだらけだったら、情報公開・個人情報保護審査会に不服の申し立てができる

なんとか目的の情報が記載された文書は入手できたものの、もし、それが黒塗りだらけで、まったく意味をなさないものだったりした場合には、不服の申し立てを行うことができる（画像14）。これが、いわゆる「審査請求」という手続きだ。

審査請求の期限は、決定通知書の送付日の翌日から起算して3カ月以内。すぐに決めなくても、どうするかよく検討してから不服の申し立てができるようになっている。詳しいやり方については、自治体の情報公開担当課で親切に教えてくれる。あまり深く考えずに、とにかく「こんな黒塗りはおかしい！」と思ったら、審査請求書を期限までに提出しておくべきだろう。

そうすれば、弁護士など有識者で構成される情報公開・個人情報保護審査会に送られて、そちらで実施機関（自治体の担当課）の非開示が適切だったかどうかを詳しく審議してくれる。もし黒塗りが不適切ということであれば、「この部分は開示すべき」との答申を審

査会が担当課にしてくれて、あとは自治体の担当部署が、その答申に従って一部不開示としていた黒塗り部分を外した文書を請求者に交付してくれるという流れだ。

この審査請求にかかる期間は、一般的には請求してから答申が出るまでに3カ月程度はかかるといわれているが、それもケースバイケースだ。のちほど詳しく取り上げるが、和歌山市では、審査請求してから審査会の答申どおりに開示されるまでに3年以上かかっているケースもある。このようなあからさまな遅延行為は、脱法行為に等しいことが専門家の指摘によってあきらかになっている。

なお、総務省の報告（市区町村ではなく、国の機関に対する開示請求）によれば、2022年度に出された答申件数（809件）のうち、諮問を行った官庁の判断は妥当でないとしたもの（一部妥当でないとしたものを含む。）は209件（25・8%）あった。つまり審査請求したうちの4分の1は決定が覆っているのである。

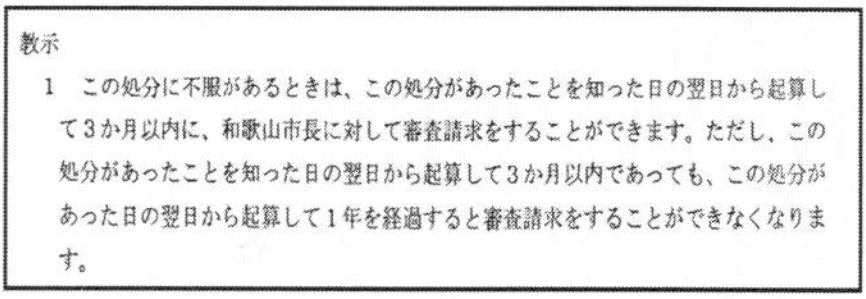
教示

1　この処分に不服があるときは、この処分があったことを知った日の翌日から起算して3か月以内に、和歌山市長に対して審査請求をすることができます。ただし、この処分があったことを知った日の翌日から起算して3か月以内であっても、この処分があった日の翌日から起算して1年を経過すると審査請求をすることができなくなります。

【画像14】開示請求を受けて交付された決定通知書の末尾には、このような教示文が添えられている。審査請求はできない市内在住・在勤者以外からの開示請求への開示決定には、このような文言はない

黒塗りの理由として乱発される「企業秘密だから」の多くは条例解釈の誤り

開示決定に対して不服を申し立てる「審査請求」の手続きでは、いったいどのような検討・審査が行われているのだろうか。その内情に詳しい専門家に、審査請求の実態について詳しく聞いてみることにした。

話していただいたのは、神奈川大学法学部の幸田雅治教授（行政法）である。総務省の官僚として、長年、公共経営の法制に携わってきた幸田教授は、東京都中野区や神奈川県平塚市などで、情報公開・個人情報保護審査会の委員（平塚市では会長）を務めた経験から、市民からの請求を受けて自治体が一部非開示としたケースには、本来、なんの問題もなく開示すべき内容が不適切に一部非開示＝黒塗りされていることが多いと指摘する。

「市民の開示請求に対して黒塗りされた文書が出てくることはわりとよくあります。そこで不服を申し立てれば、情報公開・個人情報保護審査会にかけられて、われわれ委員がその適否を判断することになります。ですから情報公開制度においては、審査会が重要なんです」

とりわけ民間企業がからむ案件では、黒塗り・非開示の理由として乱発されがちな「企業の競争上の地位・その他の利益」＝企業秘密については、その多くが条例解釈の誤りだと指摘する。

「競争上の利益というのは、本来、その企業が持つ独自のノウハウであり、ほかの企業にはマネのできない特殊なもののはず。それと認められる部分は、もちろん黒塗りするのはやむをえない。しかし、多くの場合、そういう独自の技術・ノウハウとはいえないものを、ただ漠然と『競争上の地位に影響がある』としていたりしますので、私が出ている審査会では、本当に企業秘密といえるものなのかどうかをひとつひとつよく検討したうえで、そうでない場合は、全面開示すべきとの答申を出すことになります」

役所の担当部署としては、少しでも批判の的になりそうな情報は開示したくないのが本音だろう。その結果、民間企業からの提案書というだけで、ロクに内容も精査せずに、かたっぱしから黒く塗っていくことになりがちだ。そうなってしまうのは、審査会への不服の申し立てをされるケースは極端に少ないため、担当課の職員が専門家の審査をほとんど意識していないからだろう。

また、幸田教授は、複数企業が参加する公共事業のコンペにおいては、採用された企業の提案書だけでなく、落選した企業の提案書も、当然開示すべきと説く。

「不採用になったことが知られると、否定的な評価があったと噂《うわさ》されてデメリット生じるという理由で、落選企業の提案書が非開示になることが多いですが、ちゃんと検討すれば、ほとんどの場合、そういう論理は成り立ちません。なぜかというと、応募があった複数の事業者をどのように比較して選んだかを判断するためには、選定された事業者の提案だけでなく、落選した事業者の提案も公開しなければ判断できないというのがまずひとつ。もうひとつは、落選したという事実が公表されたからといって、そのことが具体的な損害に結び付くという証明は、そう簡単にはできないからです。

具体的にどのような不利益が生じるのかということが示されないといけないのですが、ほとんどのケースではそれは証明できないのです。審査会まで行けば、こんな理由は成り立たない。少なくとも、私が手がけた自治体の審査会では、そのような非開示理由を認めたことはありません」

企業秘密に次いで、非開示になりやすい事業決定までのプロセス情報についても、幸田教授は、こう言及する。

「審議会などで、政策が決定される前の議論については、いわゆる意思形成の過程情報

（公にすることにより、率直な意見の交換若しくは意思決定の中立性が不当に損なわれる）とされて非開示になることは多いですが、そういうものはかなり限定的に解釈されないといけません。決定前の情報をなんでもかんでも非開示というのは、拡大解釈なので問題があると思います。政策意見の情報と事実情報を区別して、事実情報の発言は事実なんだから、それは出せという判例もあります。ですから全部を黒塗りにするのではなく、本当に〝不当に損なうおそれ〟があることが認められる部分のみ非開示として、あとは開示すべきです。漠然と不利益を生じるおそれがあるというだけでは非開示理由にはなりません」

情報公開・個人情報保護審査会で、不必要な黒塗りと判断された平塚市の事例

幸田教授の話をここまで聞いて、筆者は、それまでさんざんみせられてきた黒塗りの非開示理由が、いかに粗雑なものかということを痛感した。役所の論理は、まるで法律の知識のない一般人を騙《だま》くらかす詐欺師のようなものといったらさすがに言い過ぎだとしても、「企業秘密だから出せません」とか「意思決定の中立性を損なうから出せません」「個人情報にあたるから出せません」と役所からいわれたら、一般人は、いくら感覚的には「おかしい」と思っても、反論する理屈が思いつかず、「そういうものか」と黙るしかないだろ

う。しかし、法律のプロからみれば、行政の裁量権の拡大にすぎないとされるケースが、いかに多いかということがよくわかる。

そこで、ケーススタディをみていこう。事例として取り上げるのは、神奈川県平塚市の龍城ケ丘・都市公園整備計画についての公文書開示だ。実は、2018年当時、この事案を審査した情報公開・個人情報保護審査会の会長を務めていたのが幸田教授だった。このとき、実施機関(市の担当課)の主張に対して、いったい、どのような判断が示されたのか。

平塚市が2017年に発表した龍城ケ丘プール跡地の公園整備計画では、海岸林を大量に伐採することに市民が反発。海岸林は、大規模な地震による津波から住民を守り、海岸の塩・砂・風を防ぐ防砂林としての機能を長年果たしており、またその景観も市民にとっては貴重な財産である。

そこで、進行中の公園整備計画について詳しく知りたいと思った市民が2018年10月12日、整備計画のもとになった「平成29年度実施 龍城ケ丘ゾーン公園整備に関るマーケットサウンディング結果に関する資料一式」を市に対して開示請求した。すると、出てきたのが、ほぼ全面黒塗りの書面(画像15)。

平塚市は、その提案書のなかの「建築物及び駐車場の配置を示すイメージ図」をまるごと非公開としたのだ。開示しなくてもよい例外として条例に定められている「非公開情報」のなかの「公開することにより当該法人等又は当該個人の権利、競争上の地位その他正当な利益を害すると認められるもの」（企業秘密）を根拠にした不開示だった。

【画像15】平塚市が2018年10月26日付で市民に開示したサウンディング調査にかかわる文書は、全32枚のうち、冒頭で調査の目的と実施状況の２枚と、最後の調査結果のまとめを記した２枚を除いて、事業者からの提案内容がわかる文書は、ほぼ全面的に黒塗りされていた

事業者の提案部分を黒塗りしてきた実施機関（平塚市の担当課）側の主な主張は、以下のとおりである。

①「当該法人に競争上の地位等正当な利益が害されるおそれがあることを主張立証すれば足り、それ以上、個別具体的に、当該情報が開示された場合に、当該法人のどのような具体的利益がどのように侵害される危険があるかという事実まで主張立証する必要はない」と同様の情報開示を求めて起こされた行政訴訟における判例でも示されている。

②今回の事業は、正式な計画立案前に、市場性を検討する目的で採用される「マーケットサウンディング」という手法で行われており、この方式を用いた場合、民間企業から提出される提案には独自のノウハウ情報が記載されていることから取り扱いには十分な配慮が必要である。官民対話の手法における提案情報の管理として、国のガイドラインでも「企業秘密に係る事項は非公表」とするなど提案の趣旨・概要がわかるものだけ公表すればよいとされている。

③官民連携事業の可能性を検討する目的で行われるマーケットサウンディング調査を、民間事業者から提出される資料を公開することを前提として実施した場合、情報漏洩《ろうえい》を危惧した事業者が応募してこなくなる可能性があり、もしそうなったら、官民連携事業の導入可能性を探る調査として成立しなくなってしまう。

いずれの理由も「ごもっとも」なものばかり。市民からしてみたら、なかなか突き崩すのが困難な論理である。

だが、平塚市の情報公開審査会は、実施機関側のこれらの理由をことごとく退けて、審査請求対象となった「建築物及び駐車場の配置を示すイメージ図」について「開示すべき」との結論を出したのだった。その理由は以下のとおりである。

まず、平塚市情報公開条例の基本的理念は、「市民の行政文書の公開を求める具体的な権利を保障することによって、市民から市政を負託された市の説明責務を全うし、もって市民の市政参加を推進し、市政に対する市民の理解と信頼の確保を図ることにある」ということを改めて確認。そのうえで「条例の解釈及び運用は、行政文書の公開を請求する市民の権利を十分尊重する見地から行わなければならない」と、そもそもの情報公開制度の目的を明確にしている。

条例で定めた企業秘密にあたるかどうかは「その情報の内容はもちろんのこと法人の性格、規模、事業活動における当該情報の位置づけ等を総合的に勘案し、客観的な検討が求められる」とし、審査会が確認を行い、次のような判断が示された（太字は筆者）。

「最初に、本件審査請求対象文書について確認したところ、公園施設等の配置の記載があるものの、なぜその配置が最適であるのか、なぜその配置で収益性が確保できるのかという法人（筆者注：応募企業）が蓄積したノウハウによる目算の核心部分までは読み取ることができない。マーケットサウンディングで提出された提案書の内容を取り入れながら、実施機関が『公募設置等指針』（筆者注：ＰＦＩ事業で自治体が定める募集条件）を策定し、同指針に基づき改めて実際の公募を行い、公募設置等予定者を選定するという事務の流れを見ても、実施機関が公正かつ中立的に『公募設置等指針』を作成したかを市民が判断するにあたり、**どのような提案があり、どのような提案を実施機関が要求水準として採用したのかについては、本来、公にすべき情報である**といえる。

次に、実施機関からの聴取により、諾否決定をするにあたって法人に対して条例第11条第1項の規定に基づく本件審査請求対象文書公開に係る意見聴取及び意見書提出の機会付与は行っていないことが判明したことから、公開の諾否について、条例第19条第4項の規定に基づき当審査会として意見を求め、その意見が一般的に見て法人の正当な利益を害する客観的な可能性が認められるか検討を行った。**法人が示した意見からは、3法人から公開不同意の意見があったものの、他法人に提案内容が模倣されるおそれがあるといった、あくまで主観的かつ抽象的な可能性に留まった推論しか確認できなかった。**実施機関は、本件審査請求対象文書を公開することで、情報を収集した競合他社により、対抗的な事業活動が行われ、当該法人が競争上不利な地位に置かれるおそれがあると主張するが、**客観的に見て法人の競争上の地位が具体的に侵害されることについての立証はされていないと判断する。**

したがって、本件審査請求対象文書の情報は条例第5条第2号に該当せず、公開すべきである」

市側は、要するに、民間企業からの提案の内容をいちいち詳しく検討しなくても、そこには重要な企業秘密が盛り込まれているものだから、その部分は全面黒塗りするのが妥当との立場なのに対して、審査会は、いや、条例の基本理念に立ち返って、本当に条例が規定している非公開情報にあたるかどうかを詳しくみていくべきとのスタンスを崩さなかった。

その結果、この内容はとりたてて重要な企業秘密とは認められないので、開示しなさいという答申を出したのである。

幸田教授は、企業の提案書が非開示になる理由については、こう警鐘を鳴らしている。

「あらかじめ公開しないことを前提に任意で提出された文書なので、開示できないというケースもよくありますが、そういう論理が通用するのは、航空機や列車の事故で編成される調査委員会だけです。関係者個人の刑事責任を追及すると事故原因がわからなくなるため、原因調査を目的としておおやけにしないという前提で調査が行われます。しかし、一般的な公文書においては、そういう約束そのものが不適切であり、そのような約束をしていたとしても、開示すべきものは開示しなければなりません」

平塚市がほぼ全面黒塗りして審査請求の対象となった提案書のなかの「建築物及び駐車場の配置を示すイメージ図」とは、いったいどんな文書だったのだろうか。筆者は、当時、審査請求を行った市民団体にコンタクトをとって、この答申によって改めて全面開示され

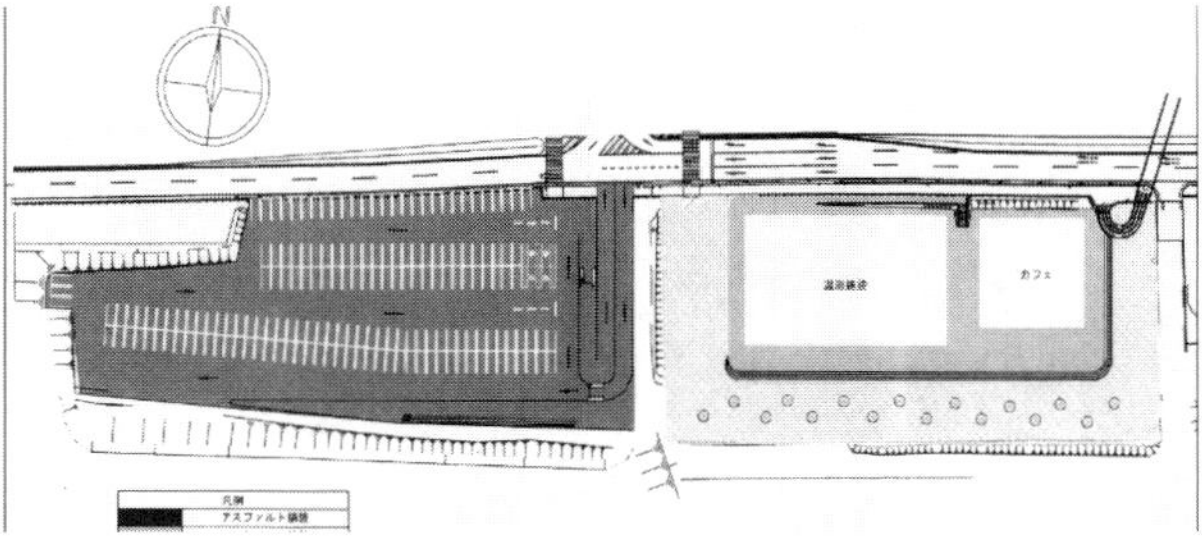

【画像16】審査請求の結果として開示された提案書のなかの「建築物及び駐車場の配置を示すイメージ図」の一部。ごく平凡な配置図ばかりで、とりたてて価値の高い企業秘密にはみえない

た文書を入手してみたところ、実施機関サイドの主張がいかにバカげたものかということがよくわかった。

画像16をみてほしい。これがその公開された文書の一部分である。どうみてもただの配置図にしかみえない。こんなものまで提案企業の独自ノウハウだとして、かたっぱしから黒塗りされているのが地方自治体の情報公開の実態なのである。

情報公開クリアリングハウスの三木由希子理事長は、「企業秘密を理由に公文書を黒塗りにして開示するケースが増えているのでは?」との疑問にこう答える。

「増えているというより、元から民間の法人情報に関しては『どこまでが開示されても甘受されるべき範囲か』という解釈の問題になっています。公の施設の場合は、施設や運営に関する情報が民間の法人情報だからといって不開示になるのはおかしく、『甘受すべき範囲』になるべきものです。自治体が直接運営している場合は不開示にならないものが、民間に運営を委ねた結果、不開示になる。つまり、行政サービスであるにもかかわらず、誰が運営しているかによって情報開示に差が出る。そういうこと自体が問題だと思います」

審査会の判断は、もちろん自治体によっても大きく変わってくるのだろう。だとしたら、情報公開に前向きな自治体と、そうでない自治体との格差は大きいのではないのか。幸田教授は、審査会の判断は、各自治体における情報公開条例の文言によっても変わってくると指摘する。

「情報公開条例の文言は、自治体によっても微妙に異なります。たとえば、『公開することにより～著しい支障が生ずる』と強い表現になっていれば、これに該当するのはかなり少ないはず。当初の開示がこれに該当するとした判断はおかしいという話になります。なので、あくまでも各自治体の条例をもとに判断されるのが基本です。最終的な答申書については、事務局が原案を執筆して、委員がそれに対して意見を述べて作成する自治体と、委員自らが答申書を執筆する自治体に大別されます。多くの自治体は前者ですが、後者の委員自らが答申書を執筆する自治体のほうは、委員が法的な専門知識がないと務まりませんので、より信頼性の高い答申が期待できると思います」

なお、情報公開・個人情報保護審査会の委員は、基本的に市長などの推薦によって決まり、会長職は、委員による互選が一般的だ。

第3章

水面下で繰り広げられる「役所vs.市民」の情報開示の攻防

審査請求によって和歌山市の市民団体があきらかにしたかった2つのポイント

行政の決定に対しては、不服を申し立てる仕組みがある。情報開示請求の結果に納得がいかない場合は審査請求を行うことができる。しかし、第2章でみてきたように、全国の市区町村で情報公開請求されたもののうち、不服を申し立てる審査請求に至るケースは1%にも満たない。ほとんどの請求者は、不服を申し立てることなく、一度の開示請求だけで完結している。

もともと行政サイドの情報開示に対するスタンスは、お世辞にも積極的とは言い難い。あとあと問題になりそうな内容は、詳しく検討することもなく、現場判断で闇雲に黒塗りしている自治体も少なくないものと思われる。そのため、審査請求をしない開示請求では、制度本来の機能が期待できない。

市民が役所の決定に異を唱えることに潜在的な忌避意識を抱いていることもあるが、やはり訴訟と同じように、面倒な手続きや専門的な知識が必要になるうえ、どうせ審査請求をしても、勝てる見込みはほとんどないという思い込みが、情報開示の高いハードルとして機能していると思われる。

しかし、現実には、たいした知識などなくても、行政の理不尽な決定に理路整然と反論さえできれば、黒塗り（一部非開示決定）を覆すこともできる。また、その一方で、情報開示の制度そのものを骨抜きするかのような卑劣な運用実態がはびこっている。その実態をみていこう。

ここで、和歌山市民図書館の話題に戻る。

筆者は、市外在住者のため、和歌山市の不開示決定に対しては一度も審査請求を行うことができなかったが、ツタヤ図書館問題について情報交換をしていた和歌山市内の市民団体「市民図書館について学ぶ会」（世話人代表・中村行子《みちこ》氏）は、２０１８年から２０１９年にかけて2度の審査請求を行っている。

1回目は、２０１８年3月2日のこと。市民図書館の指定管理者にＣＣＣ（カルチュア・コンビニエンス・クラブ）が選定された直後の２０１７年12月4日に同会は、新市民図書館の指定管理者選定にかかわる関連資料一式を開示請求したものの、２０１８年2月1日に開示された２１０枚の文書の大半が全面黒塗りだったことから、すべての文書の開示を求めて審査請求を行った。このときに開示された文書には、２つのポイントがあった。

第一に、選定委員の評価に不正な採点が行われた疑惑が浮上したこと。

図表7をみてほしい。開示された事業者別の採点表にある5人の選定委員の点数を整理したものだ。CCCと競合したのは、先述のとおり、TRC（図書館流通センター）だった。

5人の選定委員が、提案書とプレゼンテーションの審査を行った結果、総合点ではCCCの圧勝だったが、個別の採点状況を詳しくみていくと、ひとりの委員だけが、突出してTRCに辛く、CCCに高い点数をつけていた。他の委員が2～20点くらいの差しかつけていないのに、その人物だけが76点もCCCに高い点数をつけていた（100点満点に換算すると、TRCには30点とか40点ばかりつけているのに、CCCは5項目のうち4項目まで100点満点）。

実は、2017年11月24日にCCCとTRCの一騎打ちで行われたプレゼンテーションは、市民にも公開された。当時から囁《ささや》かれていた〝出来レース疑惑〟を払拭しようと和歌山市は公開プレゼンに踏み切ったのだが、それは逆効果しかなかったのではないか。両者のプレゼンの模様を傍聴した市民の多くが「TRC有利」とみたからだ。だが、フタをあ

●CCC（カルチュア・コンビニエンス・クラブ）に対する評価

審査項目（配点）	選定委員 A氏	B氏	C氏	D氏	E氏	合計
和歌山市民図書館運営の基本方針・理念（30）	24	18	30	30	24	126
和歌山市民図書館の運営・経営に関する取り組み（80）	65	56	70	65	57	313
空間イメージの提案（30）	24	24	30	30	30	138
自主事業実施に関する取り組み（40）	30	32	36	40	34	172
提案価格の評価（100）	100	100	100	100	100	500
合計（280）	**243**	**230**	**266**	**265**	**245**	**1249**

●TRC（図書館流通センター）に対する評価

和歌山市民図書館運営の基本方針・理念（30）	24	24	24	12	18	102
和歌山市民図書館の運営・経営に関する取り組み（80）	72	69	75	54	58	328
空間イメージの提案（30）	24	18	24	12	24	102
自主事業実施に関する取り組み（40）	26	32	34	12	26	130
提案価格の評価（100）	99	99	99	99	99	495
合計（280）	**245**	**242**	**256**	**189**	**225**	**1157**

両社得点差（CCC－TRC）	-2	-12	10	76	20	92

【図表７】2017年11月24日に行われた和歌山市民図書館指定管理者選定会議の採点表。５人の委員のうち３人が10点差前後の僅差なのに対して、D氏が76点、E氏も20点もCCCに高い点数をつけていた。選定委員の構成は、２名が市の職員、３名が外部の有識者

けてみたらCCCの圧勝だったことに、少なからぬ市民が不信感を抱く結果となった。CCCに高得点をつけたのはいったい誰だったのか？　その人物がCCCから何らかの利益供与を受けた見返りに、選定会議で高得点をつけたのではないのか？　その真実を知るためには、事業者選定にかかわるすべての文書を開示してもらうしかないという声が次第に大きくなっていった。

第二のポイントは、開示された210枚の8割強にあたる180枚におよぶ事業者の提案書が、ほぼ全面黒塗りだったことである。

提案書とは、指定管理者に選定されたら、われわれはこのように図書館を運営しますよという、市民に対する約束の意味もある文書だ。その文書の内容を市民には一切みせられないというのは、どう考えても納得がいかない。指定管理者の募集要項には、「提出された応募書類は、和歌山市の情報公開条例に則《のっと》って、市民から請求があった場合には公開する」と明記されており、事業者は、そのことを承諾して応募しているはずなのに、いまさら企業秘密なので開示できないというのは、おかしい。そんな思いで「市民図書館について学ぶ会」は、審査請求に踏み切ったのである。

情報公開・個人情報保護審査会は市民団体の主張を8割方認めた

「市民図書館について学ぶ会」が2018年3月2日に行った審査請求に対して、情報公開・個人情報保護審査会は2年半後の2020年9月4日付で市教育委員会への答申書の写しを市民図書館について学ぶ会に送付した。

その答申書を詳しくみてみると、市民図書館について学ぶ会の主張を8割方認める内容だった。裁判にたとえるならば、「完全勝利」とはいかないまでも「ほぼ全面勝利」と呼んでもいいような結果だった。

そのポイントを挙げておこう。

第一に、情報公開条例で規定された個人情報にあたるとして、闇雲に黒塗りされていた事業者からの提出書類については、一部、開示すべきとした。「本人の権利利益を侵害することがないため不開示とする必要のないものや、個人の権利利益を侵害しても開示することの公益が優越するため開示する必要性の認められるもの」については除外する条例の但し書きを引き、事業計画書に掲載された個人に関する新聞記事などは、個人の権利を侵害するものではなく、すでに公表されているものであり開示すべきとした。

第二に、企業秘密については「法人等の事業活動等に何らかの不利益が生じるおそれがあるというだけでは足りず、具体的に侵害されるおそれがあることを要すると解するべき」と、ほかの自治体でも〝判例〟として定着しつつあるという考え方を明示。そのうえで、審査会が実施機関（市教委）を通して2事業者に、権利侵害の具体性について確認を行ったところ「事業者が開示を認容した部分」があったと書かれている。つまり、「これ全部が企業秘密なのかい？」と事業者に聞いたら、「あっ、ここところは出してもいいです」と回答したということだろう。

和歌山市の情報公開審査会は、ここからもう一歩踏み込んでいる。事業者が「不開示と回答した部分」についても、「一般的又は抽象的な提案にとどまる部分」「図書館が開館した後に明らかになる部分」「他の図書館において既に同様の取組を行っており周知となっている部分」については、「公にすることにより当該事業者の権利利益を不当に侵害するとは言えず、開示すべき」と結論づけた。

加えて、「指定管理者の行う業務は、市に代わって公の施設の管理、運営を行うという極めて高い公共性を有することに鑑みると、指定管理者の選定過程を明らかにする上で、各事業者の提案する内容について、市民への説明責任はより強く求められると考えられる」と言及。結論として「募集要項において、提出書類は原則非公開とするものを除き広く公開するとしていたことも踏まえ、市民への説明責任の必要性に比して、法人の害される利益が小さいものについては、開示すべきである」とした。この点は、「市民図書館について学ぶ会」の主張を全面的に容認した形になった。

第三のポイントは、選定委員会の議事録（プレゼンの質疑応答など）の委員名についてである。委員名を開示すると、今後同じような選定会議で、委員は、忌憚のない率直な意見をいいにくくなって適正な評価がしにくくなる（条例第7条第4号：当該事務事業の公正又は適切な遂行に支障を及ぼすおそれがある）として委員名と、どの委員の発言かが容易に推測できる部分の発言が黒塗りされていたが、審査会の答申では、この点は、おおむね「妥当」としながらも、発言内容から発言者が推測できたとしても「内容自体に不開示とする理由がなければ開示すべき」とし、また、発言者が明確に特定できる部分についても「その発言全てを不開示とするのではなく、発言者の特定につながる必要最小限の範囲に限定して不開示とするべき」と答申している。

「市民図書館について学ぶ会」が行った1回目の審査請求に対する審査会の答申内容は、情報公開制度の趣旨から考えれば、ごく常識的なものばかりだったが、当初、開示された文書があまりにも黒塗りだらけだっただけに、結果として、同会の主張がより多く受け入れられた印象が強いものとなった。

　この答申を受けて2021年1月に開示された文書をみてみると、当初開示された際には、ほぼ全面黒塗りで、タイトルと見出ししか読めなかったCCCおよびTRCの提案書部分の9割以上が黒塗りを外されていた（画像17）。黒塗りされているのは、アンケート結果の数字やワークマニュアル、チェックリストなどほんの一部に止《とど》まり、読み進めていくのにほとんど気にならない程度まで改善されている。

【画像17】審査請求の結果として開示された公文書（右）、最初に開示された黒塗り公文書（左）

これは、提出された事業計画書は「著作物である」ことを理由に「不開示としたい」との実施機関の申出を、審査会が「既に公開された著作物の引用であり、著作権の侵害には当たらない」と、きっぱりはねのけたことが大きい。この結果は、ＣＣＣとしては相当にショックだったに違いない。

指定管理者の公募に際して自治体に提出する事業計画書などの提案書は、一度雛形ができれば、以後、ほとんど同じ内容を使い回しできるものだが、一度公開されてしまうと、その流用は極端にやりにくくなる。

ＴＳＵＴＡＹＡのフランチャイズ店舗なら、加盟店への営業ツールはＣＣＣの知的財産そのものだが、公共の世界では、市民への説明責任というミッションがすべてに優先することを示した素晴らしい答申だったといえる。

疑惑の点数をつけた人物の名前は開示されなかった

ただし、このときの審査会の答申に対しては、まったく不満がなかったわけではない。

筆者が少なからず不満に感じたのは、民間事業者サイドの責任者の名前まで個人情報と認定して、開示の是非を検討したことである。結果的には、選定会議の議事録で黒塗りされていたCCCの責任者である高橋聡氏の名前が開示されたが、その理由が、この人物が法人の代表者であることから、商業登記簿などによって誰でも名前を閲覧可能な情報であるからとなっていた。

しかし、高橋氏は、佐賀県武雄市で2013年に最初のツタヤ図書館がオープンしてから、各種メディアにひっきりなしに登場（2015年10月には神奈川県海老名市立中央図書館長に就任）しており、その名前は「公知の事実」である。そのことを認定せず、ただ法人の役員という理由だけで開示したのは甚だ不適切だったと思う。

この答申後、2020年6月にグランドオープンして以後の和歌山市民図書館では、館長や統括マネージャーは、都合のいいときだけメディアに名前を出して登場するのに、市民が開示請求した文書では、民間企業の社員として名前はことごとく黒塗りされるという辻褄《つじつま》の合わない対応になっている。

そのせいで、市民に就任の挨拶をするはずの図書館長の名前が、公文書では、すべて黒塗りという異様な事態がいまも続いているのである。

和歌山市の情報公開審査会が、最後まで開示すべきとしなかったのは、CCCに70点も高い点数をつけた選定委員の名前だった。選定委員会の名簿は開示されていたため、3名の民間の有識者と残り2名の市幹部職員については、名前も肩書もすべてわかっていたが、採点表ではA~Eまでのイニシャルになっていた。

選定委員名簿の順番をそのままあてはめれば、疑惑の点数をつけたD氏は、産業まちづくり局長のX氏ではないかと囁かれていた。X氏について調べていくと、CCCの増田社長（当時）と同じ大学出身であることが判明。同窓会などで接点があった可能性はある。だが、そこから取材は前に進めなかった。

そんななか、情報公開審査会の答申が出る1年半前の2019年3月、突然、X氏が定年を前に役所を退職するという情報が入ってきた。これはもしや、CCCを選定したご褒美に同社の関連会社にでも天下りするのではないのかという疑念を抱いて、ご本人の自宅へ電話で直撃したところ、X氏は、天下りの噂《うわさ》を一笑に付したうえで、選定委員会でCCCに高得点をつけたことを完全に否定。増田社長との交友もまったくないと断言した。このときのX氏の印象によって、筆者は、CCCに高得点をつけたのは別の人物ではないのかと次第に考えるようになった。

改めて調整会議の議事録を確かめてみたところ、X氏は、一度もその会議に出席していなかった。2017年のCCC選定時には、たまたま局長というポストにいたものの、2014年からスタートした再開発事業構想には関与していない以上、ツタヤ図書館実現に向けて動いたとは考えにくいという結論に達した。

それから2年後の2021年4月、筆者は、別の件で聞きたいことがあり、和歌山大学特任教授に転身していたX氏を再度電話で直撃した。このとき、改めて疑惑の人物としてブログやビジネスジャーナルに書いたことを謝罪した。CCCに高得点をつけたD氏とは、果たして誰だったのかは、依然として謎のままである。

ちなみに、CCCを選定した際の5人の委員のうち、X氏ともうひとりの幹部職員だったY氏は、2021年3月に市教委の部長職を最後に定年退職している。Y氏も、CCCの関連会社に天下りした事実は確認できなかったが、前年の新市民図書館グランドオープンの直前に、都市経営と図書館をテーマとして大学教授が編纂《へんさん》した書籍に、CCCの高橋氏とともに、執筆者として名前をつらねていた。自らが在職時代に、指定管理者として選定した企業の社員と共著で専門書を出版するというのは、あらぬ誤解を招きかねない行為だと指摘されても仕方ないだろう。

なお、「市民図書館について学ぶ会」は、すでに紹介した1回目の審査請求を行ったあと、2019年3月11日にも2回目の審査請求をしている。筆者が〝第二次審査請求〟と呼んでいる事案であるが、第4章で詳述する「疑惑の入札調書」に関するものであるため、その詳細についても第4章で紹介する。

市民の意見を聞くことなく指定管理者を選定した「不知火文化プラザ」

ここで、情報公開・個人情報保護審査会への審査請求の運用実態について、極めて不適切な対応といわざるを得ない事例をもうひとつ紹介しておきたい。これまでにさまざまな自治体における指定管理者選定に接してきた筆者であるが、なかでも唖然《あぜん》とさせられたのが熊本県宇城《うき》市である。

宇城市は、2020年11月に、市立図書館と美術館が入った複合施設「不知火《しらぬい》文化プラザ」の指定管理者にCCCを選定した（新築ではなく、既存建物をCCCが改修して2022年4月に新装開館と発表した）。

図書館・美術館を大規模にリニューアルする場合、通常なら、まずは、改装計画や基本構想についての市民の意見や要望（パブリックコメント）を募集したうえで、計画や構想の作成を担当する事業者を選定する。そして、選定された事業者が市民の声を反映した計画を立案し、それに沿って改修や新築が行われる。完成したあとは、図書館と美術館をそれぞれ運営する指定管理者が選定される。

そういう手順を踏んで行われ、それらの決定と費用支出については、そのつど議会や教育委員会の承認を経るものだが、宇城市の場合は、そうしたプロセスはほぼ何もなかった。直前になって、図書館と美術館合同の協議会が数回開催されて指定管理者公募について話し合われたものの、市民の意見を聞くことなく、いきなり指定管理者が募集されてCCCが選定されるという、市民からすれば、地元の大切な文化施設が、ある日突然、ツタヤ図書館&ツタヤ美術館になることが決まったという、文字どおり青天の霹靂《へきれき》のような出来事だった。

なにしろ、11月26日に、指定管理者候補にCCCを選定したとの発表があって、それから1カ月もたたない12月10日の議会本会議で、その指定管理者候補案が正式承認されるという超特急決定。その際には、地元メディアの報道もなし。市民に反対の意思を表明する間隙を与えないよう、水面下で隠密に進め、一気呵成《いっきかせい》に議会承認したのかと思ってしまう。

「何を理由に指定管理者を選定したか」をわからなくした黒塗り公文書

宇城市に新たなツタヤ図書館ができるかもしれないと知った筆者はすぐに、2020年12月1日、CCCが選定されるまでのプロセスがわかる文書の開示を宇城市に請求したところ、12月17日に「一部開示決定」が出た。それから約10日後の12月27日、送られてきた開示資料をみて筆者は、ひどく落胆した。

CCCが指定管理者選考会にかけられて、応募したもう1社と一緒に、提案内容を審査・採点された結果、CCCが選定されたことはわかる。しかし、その肝心な中身についての文書はほぼ黒塗りで、CCCのどういう点が高く評価されたのかが、さっぱりわからなかったからだ。

開示された文書は全部で178枚。そのほとんどが「不知火文化プラザ」の指定管理者募集要項と応募書類一式。途中、美術館と図書館についての合同運営協議会の議事録が28枚ほど含まれていたが、選定会議での応募者の提案内容を評価した採点表は、A3用紙7枚しかない。

しかも、その評価票をみると、7人いたと思われる選定委員の名前はもちろん、肩書も黒塗り。採点結果は、項目別の評価の内訳・得点・合計点はすべて黒塗り。黒塗りされていないのは、選定委員ごとの合計点数のみ。また、開示されたのは、選定されたCCCについての採点表のみで、落選したもう1社については、採点表は1枚も開示されなかった。

この文書を受け取ったときの感想を筆者は、当時、ブログにこう書いた。

「おそらく、みなさんもさまざまなコンテストといいますか、個人や法人を評価して優秀者を選ぶイベントをみてこられたと思うんですが、審査員が全員匿名というコンテストをみたことがあるでしょうか？　おそらくただの一度もないと思います。私も、いろいろと過去の記憶に思いをはせてはみても、そういう審査というのは、ただのひとつも思い浮かびません」（ほぼ月刊ツタヤ図書館「宇城市でCCCを選定したのは謎の〝覆面審査員〟」2020年12月27日）

選定委員会で審査員を務める委員は、民間の有識者、自治体の幹部職員ともに、当然役職と名前が出るもの。なかには、民間の有識者については個人情報に該当するとして出さない自治体であっても、公務員である職員については、名前も肩書も出すのが一般的だ。

なかには、審査員となった職員については、名前は出さず肩書のみという情報開示の面で極端に消極的な自治体もたまにみかけるが、それでも、宇城市のように、市の職員の肩書も名前もすべて出さないというパターンは筆者も初めて遭遇した（画像18）。これは、あきらかに条例違反だろう。

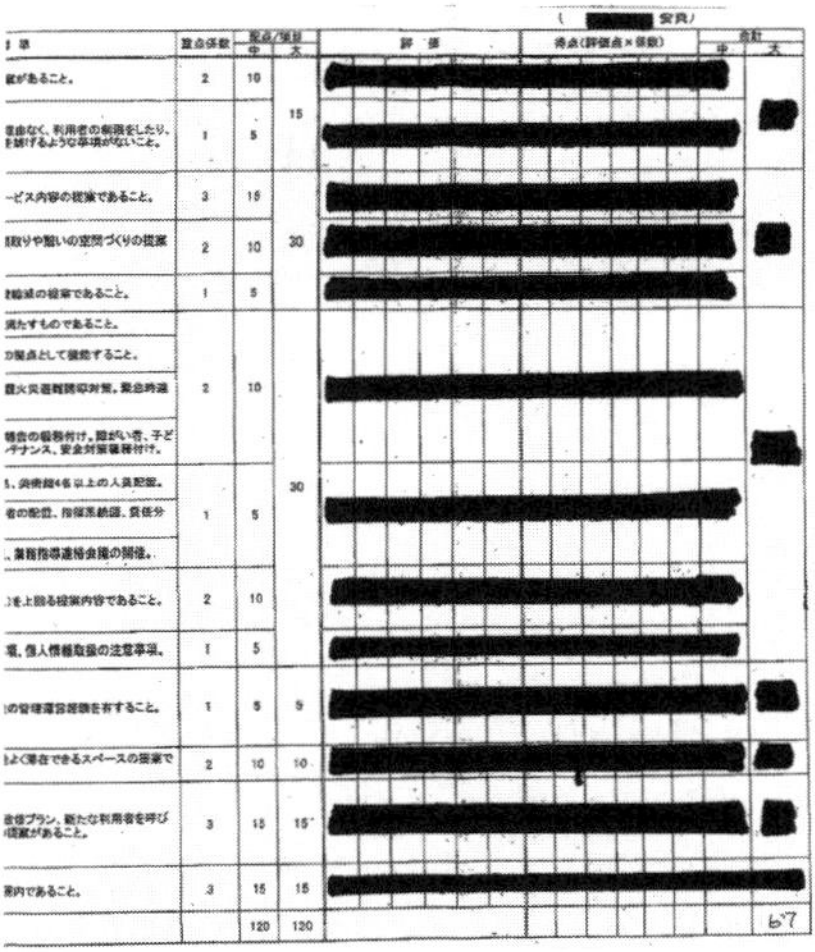

（[redacted]委員）

基準	重点係数	配点/項目 中	配点/項目 大	評価	得点（評価点×係数）	合計
…があること。	2	10	15	[redacted]		
…理由なく、利用者の制限をしたり、…を妨げるような事項がないこと。	1	5		[redacted]		[redacted]
…ービス内容の提案であること。	3	15	30	[redacted]		
…取りや賑いの空間づくりの提案	2	10		[redacted]		[redacted]
…地域の提案であること。	1	5		[redacted]		
…満たすものであること。／…の拠点として機能すること。／…火災害時…対策、緊急時…／…報告の義務付け、障がい者、子ど…メンテナンス、安全対策義務付け。	2	10	30	[redacted]		[redacted]
…、司書…4名以上の人員配置。／…者の配置、指揮系統図、責任分…／…、業務指導連絡会議の開催。	1	5		[redacted]		
…を上回る提案内容であること。	2	10		[redacted]		
…項、個人情報取扱の注意事項。	1	5		[redacted]		
…の管理運営経験を有すること。	1	5	5	[redacted]		[redacted]
…よく滞在できるスペースの提案で	2	10	10	[redacted]		[redacted]
…改修プラン、新たな利用者を呼び…提案があること。	3	15	15	[redacted]		[redacted]
…内であること。	3	15	15	[redacted]		
		120	120			67

【画像18】わかるのは選定委員ごとの合計点のみ。選定委員の名前、肩書、項目別点数はすべて黒塗り

どこの誰だかわからない全員が匿名の審査員が審査した結果をみて「なるほど、そういう審査が行われてCCCが優れた事業者に選ばれたんだ」と納得する市民はいない。情報公開の目的が市民が行政運営に対する理解を深めることだとすれば、これほど本来の目的からかけ離れた開示もめずらしい。

時間稼ぎに利用された可能性がある情報公開・個人情報保護審査会

応募事業者の選定経緯が真っ黒なうえ、選定結果そのものについても重大な疑義があると感じた筆者は、宇城市の開示決定に対して不服の申し立てを行うことにした。宇城市は、情報公開の内容については最悪だったが、情報開示請求の対象者を市内在住者に限定せず「なんぴとも」としていて、開示決定に不服があるときには、誰でも審査請求できるところは、唯一、高く評価できる点だった。

せっかくの機会なのだから、これを活用しない手はない。これまで和歌山市のように、市外在住者は任意の開示申出だけで審査請求は不可とされてきたケースが多かったため、宇城市で審査請求の手続きをすることで、ツタヤ誘致自治体のスタンスを徹底的に批判してみたいと思ったのである。

審査請求をできるのは、どこの自治体でも開示決定が出てから3カ月以内だ。思い立った3月15日中に速達で審査請求書を宇城市に発送すればギリギリで間に合う。そう思い、大急ぎで審査請求書を作成して送った（画像19）。

「審査請求の理由」の欄には、子会社のＴＳＵＴＡＹＡが消費者庁から景品表示法違反で

1億円を超える課徴金を課せられたＣＣＣを「優れた事業者」として市立図書館・美術館の指定管理者に選定した理由がわかる以下の書面が開示されないのは不適切だとした。

- **ＣＣＣの提案内容の詳細がわかる書面**
- **審査委員がどのような立場・見識を持った人物であるのかがわかる資料**
- **選定会議でどのような話し合いがあったかがわかる書面**

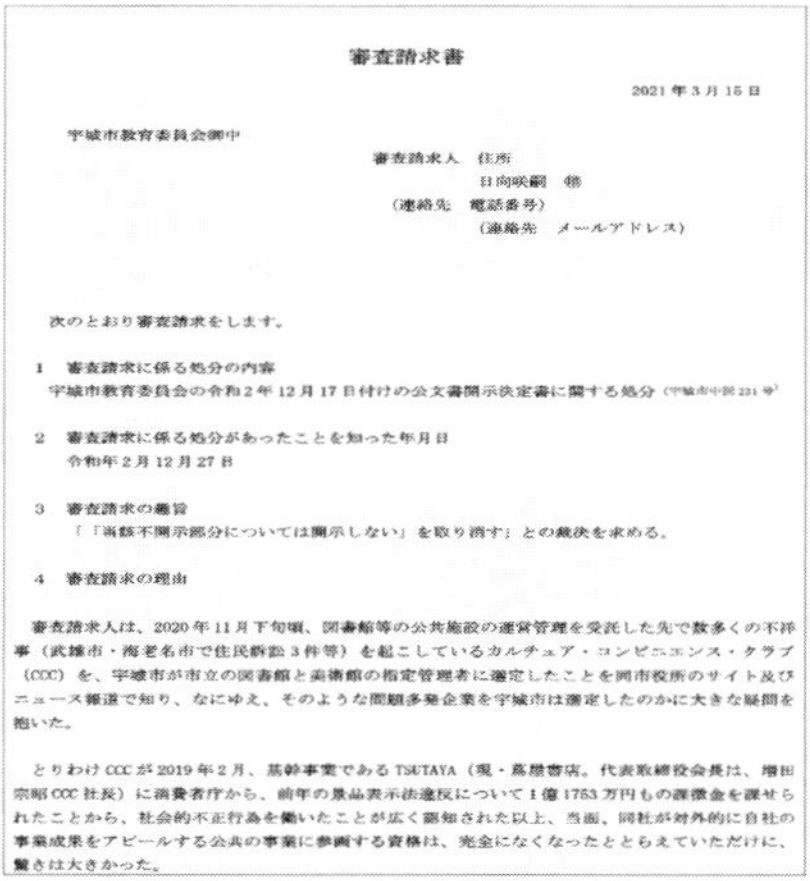

審査請求書

2021 年 3 月 15 日

宇城市教育委員会御中

審査請求人　住所
日向咲嗣　様
（連絡先　電話番号）
（連絡先　メールアドレス）

次のとおり審査請求をします。

1　審査請求に係る処分の内容
宇城市教育委員会の令和２年 12 月 17 日付けの公文書開示決定書に関する処分（宇城市中教 231 号）

2　審査請求に係る処分があったことを知った年月日
令和年２月 12 月 27 日

3　審査請求の趣旨
「「当該不開示部分については開示しない」を取り消す」との裁決を求める。

4　審査請求の理由

審査請求人は、2020 年 11 月下旬頃、図書館等の公共施設の運営管理を受託した先で数多くの不祥事（武雄市・海老名市で住民訴訟３件等）を起こしているカルチュア・コンビニエンス・クラブ（CCC）を、宇城市が市立の図書館と美術館の指定管理者に選定したことを同市役所のサイト及びニュース報道で知り、なにゆえ、そのような問題多発企業を宇城市は選定したのかに大きな疑問を抱いた。

とりわけ CCC が 2019 年２月、基幹事業である TSUTAYA（現・蔦屋書店。代表取締役会長は、増田宗昭 CCC 社長）に消費者庁から、前年の景品表示法違反について１億 1753 万円もの課徴金を課せられたことから、社会的不正行為を働いたことが広く認知された以上、当面、同社が対外的に自社の事業成果をアピールする公共の事業に参画する資格は、完全になくなったととらえていただけに、驚きは大きかった。

【画像19】筆者が宇城市に送付した審査請求書の冒頭部分

このあと、5月に宇城市教育委員会から弁明書が送られてきたので、それについての反論書を6月に送付、さらにもう一度12月に審査会から2度目の反論要請が来たため、それについても反論書を作成して送付というやりとりがあり、結局、審査請求書と合わせて、都合3回文書を提出することになった。

宇城市への審査請求の結果（答申）が判明したのは、2022年11月だった。2021年3月15日に審査請求書を送付してから1年と8カ月後、最初に情報開示請求をした2020年12月から数えれば、ほぼ2年が経過していた。

通常、審査請求をしてから結果が出るまでは、半年から長くても1年といわれるなか、その2倍の期間を要した宇城市は、情報公開にかなり消極的な自治体だといえる。

送られてきた情報公開審査会の答申の写しを読むと、実施機関である市が不開示としたCCCの提案書（企業秘密のため）など、ほとんどの部分を「相当」としたが、筆者が主張していた選定会議の委員や運営協議会の出席委員の氏名については、一部分を「不開示決定を取り消し、開示すべき」とした。

実は、この答申が出るよりもかなり前、最初の反論書を送付してから約3週間後の2021年7月7日付で、宇城市教育委員会から「公文書開示決定通知書」が届いていた。「あれっ、不服の申し立てをしたのに、どうして同じ件で開示決定が出るの？」と不思議に思いながらも、指示どおりに手続きをすると、25枚の追加資料が送られてきた。追加で開示されたのは、主に以下の2点である。

①選定委員の肩書と名前は、有識者委員2名を除いて開示
②不採用となった企業についての採点表が開示（ただし審査員名と点数はすべて黒塗り）

この中身をみると、どうやら、これまで開示してなかった部分を追加で開示したということのようだが、情報公開審査会で審議が始まったばかりなのに、その結論を待たずして、議論の趨勢《すうせい》をみながら、担当課は開示を行うのかと思ったら、そうではなかった。

その後の取材によって、追加の開示は、情報公開審査会での議論とは直接の関連性はなく、担当課が、自らの弁明書の内容と筆者の審査請求書や初回反論を検討した結果、アッサリ自らのあやまちを認めて、「この部分とこの部分は、やっぱり開示することにしました」というのが、どうやら真相であることがわかった。

それにしても、宇城市教育委員会が答申を待たずに、追加開示を行ったのはなぜなのだろうか。善意に解釈すれば、現場の職員のなかに良識のある人物がいて、審査会で否定されるような情報開示を行うのは行政として不適切であり、そのあやまちはできるだけ早く修正するべきと考えて、追加の開示を行ったともとれる。

しかし、本当にそうだろうか。審査請求への答申が出るまでの時間を意図的に引き延ばされた可能性があることを踏まえると、善意に解釈するのは困難である。

２０２１年３月に審査請求を行い、実施機関（市教委）の弁明書に反論をしたのが６月。すぐに弁明書が来て、「そのまま順調にいけば、年内に結論が出るのでは」との淡い期待を抱いた。ところが、半年後の２０２１年12月には、なぜか2度目の反論要請がきて、すぐにそれに応えた反論書を送付したが、その後は、１年近く、待てど暮らせどなんの音沙汰もなかった。

あとで、気づいたのだが、順調にいけば、年内に答申されて、翌２０２２年４月までには市教委の裁決が出る見込みだったが、その頃は、ちょうど4月に、開示請求の対象となった宇城市の不知火文化プラザが、６億円の改修費をかけてCCC運営のツタヤ図書館・美術館としてリニューアルオープンされるところだった。

そのタイミングで答申が出て、メディアに騒がれたら困る。そこで、わざわざ2度目の反論を要請して時間稼ぎをしていたのではないか。その証拠に2度目の反論要請の中身はほとんど、なんの意味のない不自然なものだった。
4月オープンを無事乗り切り、熊本県に新しいツタヤ図書館・美術館ができたことで話題になっているうちは情報公開審査会での審議をゆっくりやってもらい、夏と秋が過ぎて、さすがに2年過ぎたらまずいだろうということで、年内に答申をし、翌年3月末の年度内に裁決と再度の一部開示までもっていったのではないか。そう思えるほど、宇城市の進め方は、迅速に結論を出そうというスタンスが、まるでみられなかったのである。

このような宇城市の極めて消極的な情報開示の姿勢を踏まえれば、最初から情報開示を一度は拒んだうえで追加開示するつもりだったのではないのかとの疑いはぬぐいきれない。すなわち、担当課は、CCCの選定プロセスについて、選定委員会の委員名や肩書、落選した企業名についても、本来は、開示すべき情報であることは十分に認識していたが、それらを即開示してしまうと、そこから思わぬ事実が浮かび上がってきて批判されるのが怖い。そこでとりあえず黒塗りしておき、もし審査請求されたら、追加開示で出せばいい。そう考えたのではないのか。審査請求を行う開示請求者は極端に少ないので、そのまま不服の申し立てがなければ、あえて開示する必要はないと考えても決して不思議ではない。

そして、それを裏付けるかのように、のちに、2022年11月の答申の内容と、2021年7月時点で追加開示された内容とを照らし合わせてみると、ほぼ重なった。最初からどう対応すべきか、わかっていたのではないか。

答申を詳しくみていくと、選定委員別の採点表中の委員名は「意思決定の中立性が不当に損なわれるおそれがある」ことを理由に不開示も「相当」という結論。しかし、選定委員名簿については、全員が特別職の公務員であることから、個人情報を理由とした不開示は「相当でない」とした。つまり、「誰が何点をつけたか」は不開示でもいいけれど、「誰が審査員なのか」については開示すべきという結論だ。当然だろう。

さすがに、選定委員会の審査員については、何から何まで黒塗りで「完全匿名」というのは、宇城市の情報公開審査会も容認しなかったわけだが、その結果、CCC選定にあたった7名の審査員のうち、5名の幹部職員に加えて、2名の有識者委員も、情報公開条例の規定（個人情報に該当する場合でも公務員は除外）に則って氏名が開示された。また、落選企業の社名不開示は相当（公開されると落選したという評判が不利益をもたらす可能性がある）とした。

ところが、この答申で非開示とされた落選企業の社名についての宇城市の対応を見ると、これがまた極めてずさんなのである。筆者としては、知りたいことを知ることができたので、ありがたかったのだが……。

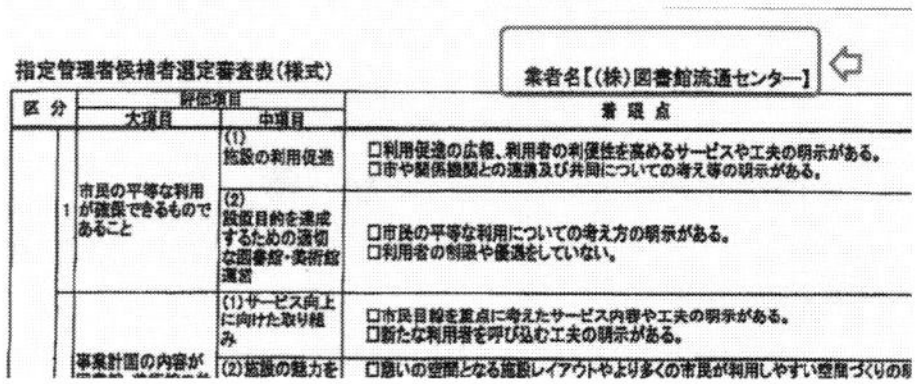

指定管理者候補者選定審査表（様式）　業者名【（株）図書館流通センター】

区分		評価項目 大項目	中項目	着眼点
	1	市民の平等な利用が確保できるものであること	(1) 施設の利用促進	□利用促進の広報、利用者の利便性を高めるサービスや工夫の明示がある。 □市や関係機関との連携及び共同についての考え等の明示がある。
			(2) 設置目的を達成するための適切な図書館・美術館運営	□市民の平等な利用についての考え方の明示がある。 □利用者の制限や優遇をしていない。
		事業計画の内容が	(1) サービス向上に向けた取り組み	□市民目線を重点に考えたサービス内容や工夫の明示がある。 □新たな利用者を呼び込む工夫の明示がある。
			(2) 施設の魅力を	□憩いの空間となる施設レイアウトやより多くの市民が利用しやすい空間づくりの

【画像20】宇城市から追加で開示された25枚の公文書には、黒塗りし忘れたと思われるところが存在した

画像20をみてほしい。これは2021年7月に追加で開示された25枚の文書の一部である。落選企業についても、7名分の選定委員の採点表が新たに開示されたのだが、どの委員の採点表も「事業者名」は黒塗りされていたのに、どういうわけか1名の委員の採点表だけは、事業者名のところが黒塗りされておらず、クッキリと事業者名が明記されていた。

黒塗り作業を担当した職員が、単に消し忘れただけなのか、それとも情報公開の責務を果たすべく意図的に黒塗りしなかったのか……。謎である。

いずれにせよ、これにより、CCCと競合して落選した企業はTRC（図書館流通センター）だということが判明した。すると、宇城市の図書館・美術館の複合施設の指定管理者選定プロ

セスが、ますます怪しく思えてきた。すなわち、「当該法人が不採用であったことが明らかになると、採用された法人と比較され（中略）何らかの否定的な評価があったものと一般に受け取られ、その結果、当該不採用法人の社会的評価が低下、競争上の地位その他正当な利益を害するおそれがある」とした宇城市の不開示理由がまるで説得力のないものになってしまったからだ。

2021年当時、自治体の公共図書館だけでも全国で500館以上受託していた日本一の図書館運営企業であるTRCは、まだ全国で6館しか運営していないCCCとは、この分野での格が違う。TRCにとって、CCCと競合したコンペで落選したことが世間に広く知られたところで、何か不利益を被るとは到底考えにくい。むしろ、宇城市では、新興のCCCが業界のガリバーTRCよりも高い評価を得ていたことが判明することで、市長とCCCが癒着した「出来レース疑惑」が持ち上がりかねないような状況である。

情報公開の程度を後退させた、情報公開条例の改悪

さらに、この宇城市の件には、情報公開に後ろ向きである姿勢をより明確に物語る後日談がある。

２０２３年10月、本書の冒頭で取り上げた宇城市立図書館（不知火文化プラザ内に設置）の館内で営業しているスターバックス店舗の賃料について、最新の金額を確認しようと思って、3年ぶりに宇城市に、スターバックス店舗の賃料を開示請求しようとしたら、いつの間にか情報公開条例が改悪されていて、市外在住者は、任意の開示申出しかできず、審査請求もできなくなっていたのである。

宇城市の情報公開条例では、開示請求できる人を市内在住者に限定せず、実質「なんぴとも」請求できたのだが、その唯一の素晴らしい点をやめて、情報公開のスタンスを大きく後退させていたのだ。その理由とは何なのか？

市議会で、情報開示請求の対象者を市内在住者に限定する条例改正案（市外在住者は任意で開示し審査請求は不可）が市議会に急きょ上程されたのは、２０２３年2月。

条例改正の理由を問い質された執行部は「市民への開示を優先するため」と述べていたが、過去5年間のうち審査請求は2件のみであり、そのうち市外から請求は、筆者の1件だけだったことが議会答弁によって判明した。

つまり、筆者のような市外のジャーナリストからの審査請求を全面的にブロックすることを目的としていたことはあきらかだ。市長なのか教育長なのか、それとも市の幹部職員なのかが、「市外の者からこんなに批判されるのはもう我慢ならない。市外の者からの審査請求はさせないようにしろ！」との鶴の一声によって、慌てて条例改正を画策したのではないのかと思ってしまう。

最後にもうひとつ、筆者が宇城市のＣＣＣ選定で、どうしても納得がいかなかったのは、ＣＣＣという企業は前年に犯した不祥事によって、すでに公務を担う資格を失っているはずなのに、どうしてその企業を宇城市は「優れた事業者」と選定したのかということである。

「不知火文化プラザ」の指定管理者にＣＣＣ選定との市の発表を知った筆者は、担当部署に電話をして「ＣＣＣは、昨年、基幹事業が違法認定されたことをご存じですか？」と、真っ先に聞いた。すると、担当課長から返ってきた答えは「知りません」だった。

２０１９年2月22日に、動画配信サービス「ＴＳＵＴＡＹＡ ＴＶ」で全作品を見放題であるかのように宣伝したのは虚偽であり、景品表示法違反（優良誤認）に当たるとして、消費者庁は、ＴＳＵＴＡＹＡに課徴金１億１７５３万円の納付命令を出していた（「ＴＳＵＴＡＹＡ ＴＶ」は２０２２年6月14日にサービスを終了している）。

メディアがあまり批判報道をしなかったせいで、当時ＣＣＣ社長でＴＳＵＴＡＹＡの代表取締役会長でもあった増田宗昭ＣＥＯは、謝罪会見もせずに世間は忘れた格好になっていたが、新規に公務を受託するとなると話は別。これほど社会的にも重大な違法行為を犯した企業が公共施設の指定管理者の公募に応募する資格があるとは到底思えない。

そこで、宇城市には、違法行為を犯して所管庁から罰則を受けたＣＣＣの公務受託企業としての適格性を審査した経緯がわかる文書も開示請求をしていたが、これについては「不存在」とする決定が出ただけだった。つまり、宇城市は、前年に犯した重大な違法行為を一切不問にして、その企業を「わがまちの図書館と美術館を運営するにふさわしい優れた事業者」と認定したことになる。

しかも、６億円をかけた建物の改装はＣＣＣの設計どおりに行い、館内に設置されるＣＣＣ経営のスターバックスの内装費用は全額宇城市持ち。そのうえ、スターバックスの賃料は、月に約３７００円（のちに月２８００円に修正されていたことが判明）というタダみたいな金額とくれば、特定の事業者と癒着して、あからさまな利益供与を行っているのではないかと指弾されても仕方ないのではないか。

和歌山市や宇城市に限らず、ツタヤ図書館を誘致する自治体は、公共施設構想が「政官財」の関係者だけで計画され、その決定までは、市民の意見はほぼ聞かないという共通点がある。序章で取り上げたような事例も含め、そのような公共事業では、たとえ市民の意見を聞いたとしても、形式のみのアリバイづくりだ。なので、決定までの経緯が書かれた文書は、おしなべて黒塗りで開示される。そして、情報公開条例を盾にあれこれと非公開を正当化しようとするが、それらの説明が極めていいかげんなものであることは、これまでみてきたとおりである。真に官民癒着がないのであれば、正々堂々と情報公開したほうが、余計な疑いをもたれずに済むというものではないだろうか。

第4章　グランドオープン当日に暴かれた官製談合疑惑

民間企業が施主になったことで、官民連携事業の情報公開が妨げられる

92％を黒塗りして開示された1400枚の会議資料のわずかに読める部分を突破口にして、ツタヤ図書館を集客の目玉とした南海電鉄・和歌山市駅前の再開発事業の不可思議な構図が浮き彫りになりつつあった。だが、黒塗りされた文書の全容を解明することはできなかった。ツタヤ図書館ありきの官製談合があったことを示すためには、何か決定的な証拠となる事実の摘示が必要だった。

官民連携事業の内幕を知るうえで最大のネックになるのが、「民」の部分が情報公開の対象外になってしまうことである。和歌山市の事例でいえば、南海電鉄がアール・アイ・エー（RIA）を選定したプロセスが一切出てこないことが、この事業の怪しさを一層増幅している。図書館建設に関しては、南海電鉄が施主となっている（完成後に和歌山市に引き渡しする契約と説明）ため、その基本設計を担当する事業者の競争入札に関する情報を和歌山市に請求しても「南海に問い合わせてほしい」といわれてしまう。南海電鉄に問い合わせると「開示できない」と門前払い。民間企業には情報開示義務はないため、ふつうな

ら、すべて公開されるはずの公共事業における事業者選定の入札調書などの情報が何ひとつ出てこないのだ。

しかし、総額で94億円もの公金が投入される事業の入札情報が何も出てこないというのは、どう考えても納得がいかない。和歌山市と同じ時期に、国交省の補助金を活用して図書館を中心とした駅前再開発事業を行っていた山形県酒田市では、西松建設と酒田市が共同出資して設立した光の湊株式会社が施行者となって、基本設計などを担う事業者にＲＩＡが選定されたことを随時発表していた。なのに、和歌山市では、南海電鉄が情報開示に応じないのは不適切ではないか。「和歌山市は、当然、南海から報告を受けているはずで、それを公表すべき」と主張したが、まったく聞き入れられず、ＲＩＡの入札に関する情報はまったく出てこなかった。

そこで、２０１８年11月6日、かねてより図書館移転に関する情報を共有していた「市民図書館について学ぶ会」の世話人の方が、和歌山市内在住者として開示請求してくれたのである。市内在住者であれば、もし黒塗りだらけで何もわからなかったら、開示結果に不服を申し立てる審査請求もできるため、市外の者が請求するよりも断然有利だ。実際に、このあと、審査請求することになる。

もうひとつのポイントは、同会の世話人が、開示請求をするにあたって、当時、市議会議員を務めていた林隆一氏（２０１９年4月からは和歌山県議）に相談していたことである。同会が取り組んでいた図書館問題に理解を示していた林氏が事前に担当課とかけあって、適切に開示するようプレッシャーをかけていたことが功を奏したものと思われた。

「和歌山市民の開示請求ということは、もし非開示になれば審査請求を経て住民訴訟に発展する可能性もあるため、そのへんを事前に担当部署にクギを刺して、適切に開示するように要請しました」（林氏）

市議会議員の働きかけもあり、ようやく開示された入札に関する情報

この「市民図書館について学ぶ会」による開示請求を受けて、和歌山市が件《くだん》の入札調書を開示したのは、２０１８年12月17日（画像21）。５枚の文書から成り、「資金計画作成」「基本設計」「権利変換計画作成」「実施設計」「意図伝達及び工事監理」の５つの業務についての入札結果がそれぞれ記載されていた（画像22）。たとえば、資金計画作成については、3社が応札して、８００万円でＲＩＡが落札したことになっている（画像23）。「設計金額」

欄の８４０万円は予定価格とみられる。

予定価格とは、発注者が想定する契約金額の上限のことだが、いちばん低い価格を入れた者が落札する競争入札で、談合として主に問題なるのは、この予定価格を事前に漏らす行為である。一般的に、公共工事の世界では、落札率（落札価格÷予定価格）が95％以上は談合の疑いありとみられる。

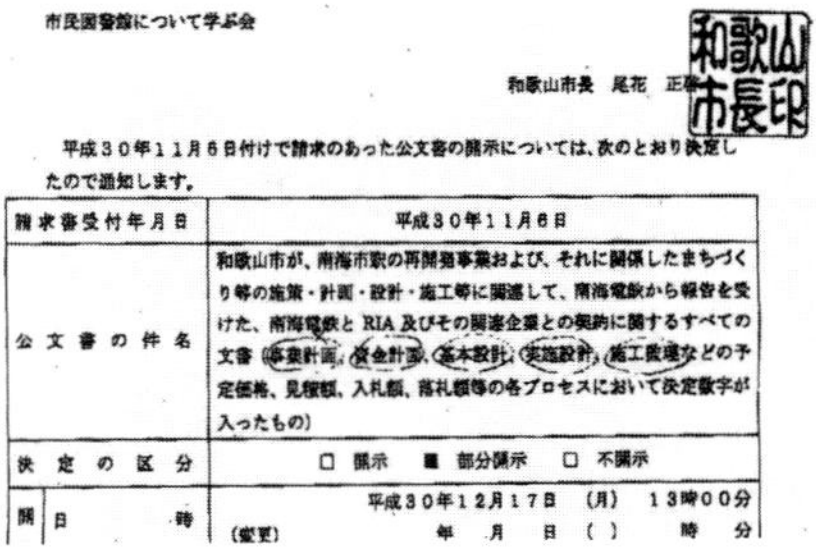

市民図書館について学ぶ会

和歌山市長　尾花　正啓

平成３０年１１月６日付けで請求のあった公文書の開示については、次のとおり決定したので通知します。

請求書受付年月日	平成３０年１１月６日
公文書の件名	和歌山市が、南海市駅の再開発事業および、それに関係したまちづくり等の施策・計画・設計・施工等に関連して、南海電鉄から報告を受けた、南海電鉄とRIA及びその関連企業との契約に関するすべての文書（事業計画、資金計画、基本設計、実施設計、施工監理などの予定価格、見積額、入札額、落札額等の各プロセスにおいて決定数字が入ったもの）
決定の区分	□ 開示　■ 部分開示　□ 不開示
開　日　時	平成３０年１２月１７日　（月）　１３時００分 （変更）　年　月　日（　）　時　分

【画像21】2018年11月６日に「市民図書館について学ぶ会」が開示請求した公文書について、同年12月17日に「部分開示」の決定が届いた

だが、喜びもつかの間、開示された情報を詳しくみていくと、かなり不完全な内容だった。５つの業務について、落札金額と落札者（すべてＲＩＡ）はわかるものの、そのほかはほぼ黒塗り。黒塗りされた末尾2行には、何が書かれていたのかわからない。入札の日付もないため、会議録などほかの文書と照らし合わせた検証は不可能だ。

「本当に入札で決めたのか怪しいと思いました。特に、３社が入札に参加したことになっていますが、

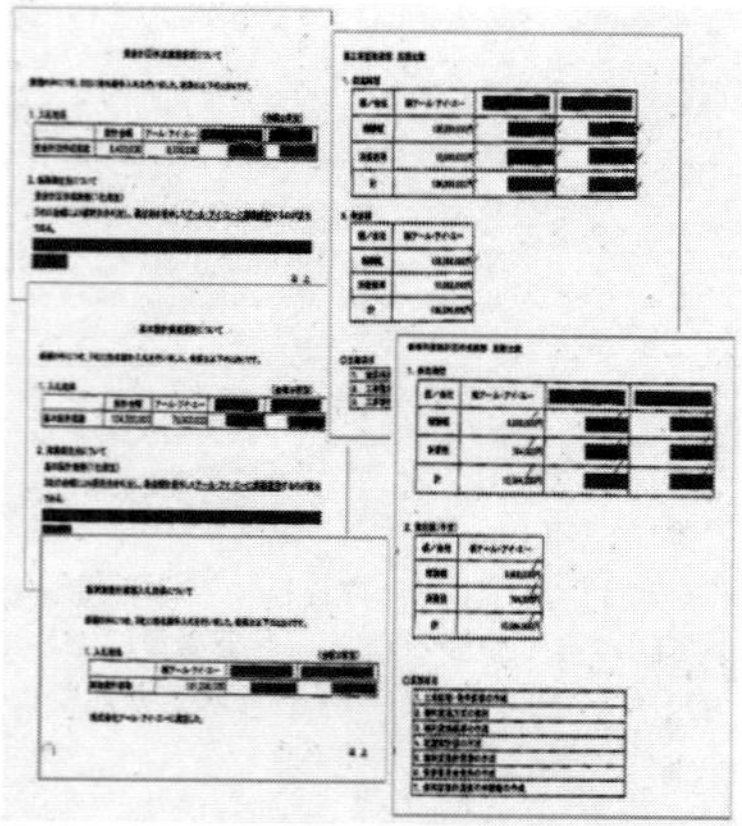

【画像22】市民図書館について学ぶ会の開示請求に対して、和歌山市が2018年12月17日に開示した５枚の行政文書。「資金計画作成」「基本設計」「権利変換計画作成」「実施設計」「意図伝達及び工事監理」の５つの業務についての入札結果が記載されている

ほかの会社名はすべて黒塗り。これも出してください、おかしいのではないかと抗議しましたが、『これ以上は出せない』の一点張りでした」と、市民図書館について学ぶ会の世話人もがっかり。

そんな市の頑なな対応に怒ったのは、林氏だった。

「ちょうど4年前に、和歌山からの佐賀県武雄市視察にもＲＩＡが同行していたことが報道されていたので、これは談合ではないかとの疑いが湧きました。『出さないと公正取引委員会に告発しますよ』といったところ、担当課長が南海電鉄に問い合わせてくれましたが、結局、これ以上は出ないという結論でした」

そうなると、新たに別の角度から開示請求をかけるしかない。ちょうど市民図書館の内装について公募されていた施工事業者の落札結果が出ていたため、その書式に則《のっと》って、ＲＩＡが選定された指名競争入札の詳細（「入札方法」「入札日」「予定価格」「契約額」「入札参加事業者数」「工期（納期）」「落札率」の7項目）を再度、市民図書館について学ぶ会の世話人の方にお願いして開示請求してもらうことになった。

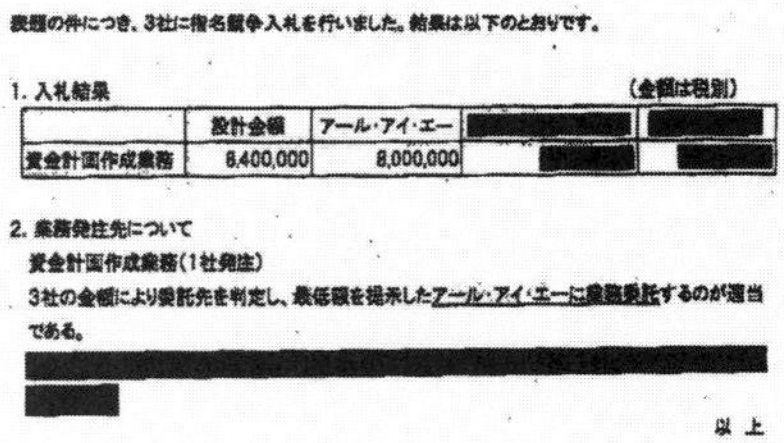

表題の件につき、3社に指名競争入札を行いました。結果は以下のとおりです。

1. 入札結果　（金額は税別）

	設計金額	アール・アイ・エー	[redacted]	[redacted]
資金計画作成業務	8,400,000	8,000,000	[redacted]	[redacted]

2. 業務発注先について

資金計画作成業務（1社発注）

3社の金額により委託先を判定し、最低額を提示したアール・アイ・エーに業務委託するのが適当である。

[redacted]

以上

【画像23】日付すらない入札調書。3社が応札して、800万円で入札したアール・アイ・エー（RIA）が落札したことだけがわかる。「設計金額」欄の840万円は予定価格とみられる。黒塗りされた末尾2行の内容は、のちに内部告発によって判明する

「（2019年）1月18日に市政情報課にいくと、開示申出書（市内在住者でも任意扱い）を書いてほしいといわれたので、それを書いて出しました。しかし、担当部署には『ＲＩＡの落札情報が詳しく書かれた書類がないので、新たに作成したメモのようなものしか出せない』といわれました。このとき、よく覚えているのは、対応してくださった担当部署の責任者の方が極度に緊張しているのか、口元がガタガタ震えていて、もう尋常でない様子でしたね」（「市民図書館について学ぶ会」のメンバー）

いったい、この責任者は、何に怯《おび》えていたのだろ

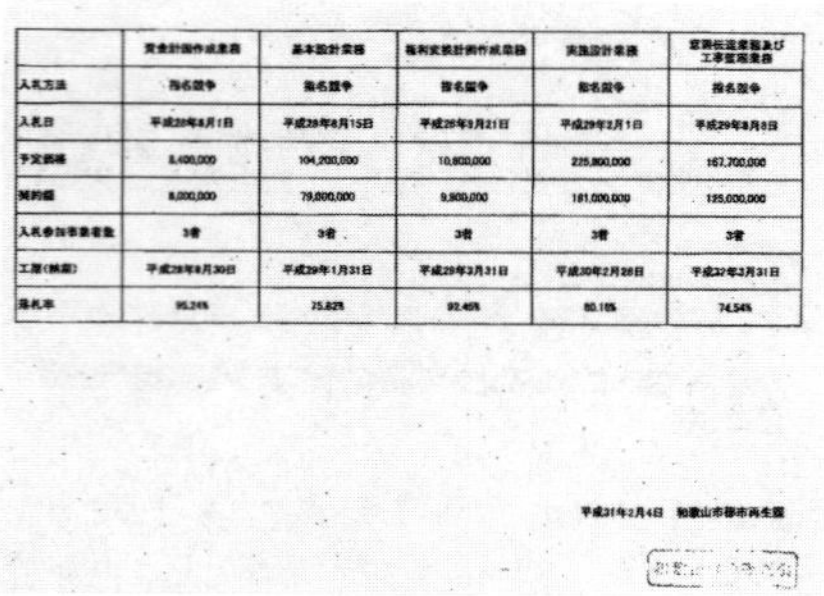

	資金計画作成業務	基本設計業務	権利変換計画作成業務	実施設計業務	[illegible]伝達業務及び工事監理業務
入札方法	指名競争	指名競争	指名競争	指名競争	指名競争
入札日	平成28年8月1日	平成28年8月15日	平成28年9月21日	平成29年2月1日	平成29年8月8日
予定価格	8,400,000	104,200,000	10,600,000	225,800,000	167,700,000
契約額	8,000,000	79,800,000	9,800,000	181,000,000	125,000,000
入札参加事業者数	3者	3者	3者	3者	3者
工期(納期)	平成28年8月30日	平成29年1月31日	平成29年3月31日	平成30年2月28日	平成32年3月31日
落札率	95.24%	75.82%	92.45%	80.16%	74.54%

平成31年2月4日　和歌山市都市再生課

【画像24】2019年２月４日に、アール・アイ・エー（RIA）が選定された指名競争入札の詳細（「入札方法」「入札日」「予定価格」「契約額」「入札参加事業者数」「工期（納期）」「落札率」の７項目）が書かれた一覧表が開示された

うか。渋々開示には応じたものの、官製談合が発覚して大事件になるかもしれないと、不安でいっぱいだったのだろうか。

そうして、2019年2月4日に開示されたのが画像24である。

担当課が「メモしかない」といっていただけに、誰が作成して誰に出したのかすらわからない一覧表だったが、RIAが落札していた5つの業務については、こちらが要求していた7項目は、一応、すべてが開示された。

ただし、RIA以外の入札参加者名だけは開示されなかった。

「このときも、入札参加者が〝3者〟となっていましたので、あとの2社がどこか、社名を出すべきと抗議しましたが、受け入れられませんでした」。開示請求した市民図書館について学ぶ会の世話人は、そう残念がっていたが、この開示されなかった残り2社の入札参加企業名は、のちに内部告発によってあきらかになる。

落札2年前の関係者定例会議ですでに発表されていた資金計画

2019年2月4日に開示された一覧表を詳しくみていくと、一連の設計関連業務をRIAがすべて落札しており、5つの業務の落札総額は4億円を超える。

筆者が真っ先に注目したのは、最初の「資金計画作成業務」の入札日が「平成28(2016)年8月1日」となっている点だった。一般常識で考えれば、このあとにRIAが資金計画を立案して発表するはずだ。ところが、そこから遡ること1年半前の関係者会議の席において、すでに同プロジェクトの資金計画がRIAによって発表されていたことが別の資料からわかった。それが画像25に示した会議資料だ。

「南海和歌山市駅周辺活性化調整会議 幹事会 記録」と題された文書の日付は「平成26(2014)年12月17日」となっている。下段の「内容」には「南海和歌山市駅前市街地再開発事業の資金計画について」と印字されている。つまり、落札日よりもずっと前に資金計画は作成されていたのだ。

南海電鉄と和歌山市、和歌山県の三者が集まる関係者定例会議の席で堂々と発表されて

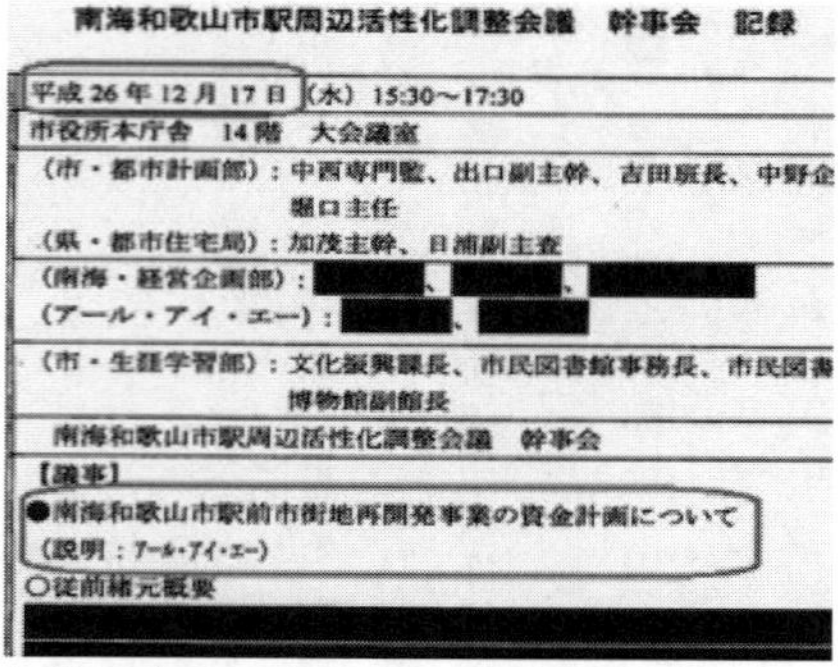
南海和歌山市駅周辺活性化調整会議　幹事会　記録

平成26年12月17日（水）15:30〜17:30

市役所本庁舎　14階　大会議室

（市・都市計画部）：中西専門監、出口副主幹、吉田班長、中野企
樋口主任
（県・都市住宅局）：加茂主幹、日浦副主査
（南海・経営企画部）：[redacted]、[redacted]、[redacted]
（アール・アイ・エー）：[redacted]、[redacted]
（市・生涯学習部）：文化振興課長、市民図書館事務長、市民図書
博物館副館長

南海和歌山市駅周辺活性化調整会議　幹事会

【議事】
●南海和歌山市駅前市街地再開発事業の資金計画について
（説明：アール・アイ・エー）
○従前諸元概要
[redacted]

【画像25】2014年12月17日の「南海和歌山市駅周辺活性化調整会議 幹事会」で、すでに「南海和歌山市駅前市街地再開発事業の資金計画について」の説明をアール・アイ・エー（RIA）が行っているが、これは「資金計画作成業務」の入札日（2016年8月1日）よりもずっと前に開かれた会議である

いたのだから、「あからさまな談合」とのそしりは免れないだろう。

この動かぬ証拠について、当事者はどう釈明するのだろうか。和歌山市の担当者に「落札の2年前にＲＩＡが資金計画をすでに発表しているのは、いったいどういうことなのか？」と問うと、こう釈明した。

「資金計画と一口にいっても、実際の再開発計画を正確に進めるうえでの正式な資金計画と、『だいたいこれくらいの費用がかかってくる』『こういった項目の費用が必要』という情報を関係者に説明する、ざっくりした資金計画がある。落札の2年前にＲＩＡが発表したのは、その概算的な資金計画のことだ」

そのうえで、この行為はなんら問題ないとする見解を示した。

「再開発プロジェクトが立ち上がったばかりの頃に、コーディネーターがざっくりした資金計画案を作成して関係者に発表することは、業界では慣例的に行われている。不適切でもなんでもない。最初は〝手弁当〟で入ってくる事業者もいるほどだ」

もう一方の当事者である南海電鉄にも見解を求めたところ、こう回答した。

「2014年12月17日の会議での資金計画は、正式に都市計画を策定する前に、当社がRIAにコンサルティングしてもらい、そのうえで都市計画とは別に〝私案〟として会議で発表したもの。都市計画は非常に複雑なので、当初ざっくりした計画を立てて説明することは必要だ。補助金とは別に、当社の独自予算で策定した。それを、内容に精通しているRIAに発表してもらった。RIAとは2014年に契約している。何月何日に契約したかまではいえない。RIAが調整会議に出席してくる2014年7月までには契約している」

再開発プロジェクトを進める場合、正式に発注する前にコーディネーターが事業計画の素案を立てるのは、業界では慣例的に行われていると和歌山市の担当者は説明するが、一般の市民感覚からすれば、それは、とんでもない非常識な行為に映る。

のちに入札に参加する予定の事業者の1社だけを特別待遇し、何年も前から役所の関係者会議に毎回出席を許し、なおかつ事業の計画を発表しているのだから、まさに「ズブズブの癒着関係」ではないのか。

今回のプロジェクトをスタートする時点では、なんのコンペも開催されておらず、いつの間にかＲＩＡが関係者会議に出席している。その異様さは、前述の山形県酒田市のケースと比べてみると一目瞭然だ。酒田市の場合、２０１４年6月に「酒田駅周辺整備事業」の事業者の一般競争入札が開催され、そこでＲＩＡを正式に選定。その後、２０１７年1月に設計関連業務の入札が行われ、ＲＩＡが落札するという手続きが踏まれている。

和歌山市の場合は、事業全体のグランドデザインについての一般競争入札もなしに、いきなりＲＩＡが関係者会議に出席している。それを「再開発プロジェクトでは、ごくふつうに行われている慣例」という言い分は、到底通らないだろう。

黒塗り部分をあきらかにした内部告発文書

結局、２０１９年2月4日に開示された文書では、事業のプロセスを把握することはできなかった。そこで、翌月の3月11日に、２０１８年12月17日に開示されていた5枚の文書について「黒塗りされている入札参加企業名と入札価格、そのほかの但し書き部分も開示すべき」と、2度目の審査請求を市民図書館について学ぶ会が行うことになった。

だが、和歌山市側の動きは極端に鈍く、なんの進展のないまま、南海電鉄・和歌山市駅前に移転した新しい和歌山市民図書館のグランドオープン（2020年6月5日）が目前に迫ってきていた。そんなある日、思いもしないところから突然、〝爆弾情報〟の提供があったのだ。


「議事録みつけました」

そんな奇妙なタイトルのメールが受信ボックスに入っているのに気づいたのは、2020年5月10日の夜遅くのことだった。大型連休最終日で、外出先から戻って自室でぐったりしていたのだが、ふとブログを書こうとパソコンを立ち上げたところで、メールに気づいた。

本文も、タイトルと同じ文言が一行あるだけ。発信者アドレスは、フリーメール。もちろん発信者名はない。PDF文書が2本添付されていたので、慎重にウィルススキャンをしたあと、開いてみると、見覚えのある書式が目の前に現われた。

2本とも、2年前に開示されて、穴が開くほど眺めていた和歌山市の黒塗りされた会議録の一部のようだった。枚数は、1本目が数枚、2本目が十数枚と少ない。該当箇所のみ抜き出したかのようだった。文字の背景が1本目はグレー、2本目は黄色になっていたものの、すべての部分がきれいに読める（画像26）。文字の背景部分は、誰かが和歌山市に黒塗り希望箇所を指定するために色付けしたマーキングだろう。

「あっ、そうか。これは内部告発なんだ」

そう気づくまでに数分もかかったのは、我ながら間抜けだと思う。2本の〝議事録〟をじっくり読み込んでいくと、「これぞ官製談合の動かぬ証拠！」と思えるような箇所がゾロゾロと見つかったのだった。ちなみに、同じ送信者から数分後に送信されていた〝Re：議事録〟と題されたメールがもう一本あり、そちらにも2本の〝議事録〟抜粋（いずれも数枚）が添付されていた。そこで、この情報提供者に、取り急ぎ返信を書いてみた。

「ディープスロートさま」という宛名にして、情報提供の御礼と簡単な質問を送ってみたところ、いくつかは回答があったものの、続けて送った質問についてはそのままスルーされてしまった。ちなみに、「ディープスロート」とは、重要な情報源を意味する隠語で、ウォーターゲート事件でワシントンポストの記者に情報提供をした政府高官をこう呼んだことに由来する。

連休明けから、この内部告発によって入手した〝議事録〟を、開示されていた黒塗り文書（調整会議の会議録）と対比させる作業に着手した。２つの文書を左右に並べてみると、一目瞭然。黒塗り箇所と文字背景に色付けした部分に違いはあるものの、同一の文書であることはほぼ間違いない。ビジネスジャーナルに載せるスクープ記事を書くためには、「オイオイ、それはまずいだろう」と思わず突っ込みを入れたくなる箇所を抜き出し、あとは関係各所に〝議事録〟の内容についてのコメントを取るだけだった。

こうして黒塗りなし〝議事録〟――すなわち〝爆弾資料〟――のスクープ記事

【画像26】差出人不明のメールに添付されていたPDFファイルではあったが、同じ日付の黒塗り公文書とつきあわせてみると、同一のものであると思われた

第1弾は、翌週の5月18日にビジネスジャーナルでリリースされた。以下、「和歌山・ツタヤ図書館、市が公募前にCCCを内定か…事前に市長と面談、内部資料を独自入手」を一部加筆して、再録する。

今月上旬、筆者は和歌山市の再開発事業にかかわる文書とおぼしき全数十枚の会議資料を入手した。

そこに記載されていた日付や出席者、議題から、筆者が和歌山市に請求していた開示資料と同一の文書であることが確認できたため、今度はその記載内容を市の複数の部署にぶつけてみたところ、いずれも記載内容がほぼ事実であるとの確信が得られた。

これまで黒塗り文書ばかり見続けてきた筆者にとって、2014年6月3日から始まる「南海和歌山市駅周辺活性化調整会議　幹事会　記録」と題した文書を、黒塗りなしでスラスラ読めるのは爽快極まりない。

送られてきたのは、本来1400枚以上あるなかの一部を抜き出したものだが、筆者がイメージしていたとおり、CCC（カルチュア・コンビニエンス・クラブ）のフラッグシップとなった代官山T-siteを手がけた建設コンサルタントのアール・アイ・エーが前面に出てきて、駅前の集客を目的としてツタヤ図書館風の施設を建てるプロジェクトを強力に推進していたプロセスが手に取るようにわかった。

途中なぜかページの順番が乱れていたり、CCCが指定管理者に選定されたあとの2018年5月の議事録も挟まっているなど、何か特別な意図があって該当部分のみを抜き出したかのようにも思えたが、最後に2016年6月の会議録が出てきたところで、筆者は思わず息をのんだ。

公募前にCCCだけが市長相手にプレゼンをしていた

日時、場所、出席者、協議事項のあとに続く「議事内容」の欄に「1．和歌山市からの報告事項」として、以下のような記述があった（画像27）。

〈CCC（カルチュア・コンビニエンス・クラブ）が市長プレゼンに7／8来庁予定。都市計画部、教育委員会も同席〉

和歌山市が、2019年秋に開館を予定していた新市民図書館の指定管理者を募集したのは、2017年10月のことである。それに応募したCCCと、そのライバルTRC

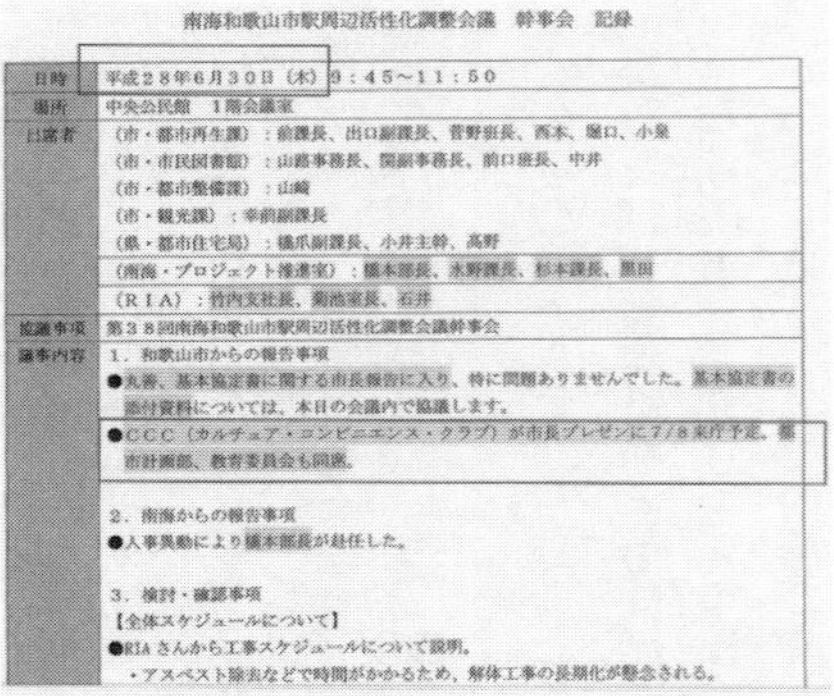
南海和歌山市駅周辺活性化調整会議　幹事会　記録

日時	平成２８年６月３０日（木）９：４５～１１：５０
場所	中央公民館　１階会議室
出席者	（市・都市再生課）：前課長、出口副課長、菅野班長、西本、堀口、小泉 （市・市民図書館）：山路事務長、関副事務長、前口班長、中井 （市・都市整備課）：山崎 （市・観光課）：辛前副課長 （県・都市住宅局）：橋爪副課長、小井主幹、高野
	（南海・プロジェクト推進室）：橋本部長、水野課長、杉本課長、黒田
	（ＲＩＡ）：竹内支社長、菊池室長、石井
協議事項	第３８回南海和歌山市駅周辺活性化調整会議幹事会
議事内容	１．和歌山市からの報告事項 ●丸善、基本協定書に関する市長報告に入り、特に問題ありませんでした。基本協定書の添付資料については、本日の会議内で協議します。
	●ＣＣＣ（カルチュア・コンビニエンス・クラブ）が市長プレゼンに７/８来庁予定。都市計画部、教育委員会も同席。
	２．南海からの報告事項 ●人事異動により橋本部長が赴任した。 ３．検討・確認事項 【全体スケジュールについて】 ●RIAさんから工事スケジュールについて説明。 ・アスベスト除去などで時間がかかるため、解体工事の長期化が懸念される。

【画像27】2016年７月８日にCCCが和歌山市役所に来庁して、市長相手にプレゼンを予定していたことが判明

が翌月11月に行ったプレゼンと提案内容を選定委員会が審査した結果、ＣＣＣが指定管理者に選定されたというのが、選定の経緯だ。

しかし、今回独自に入手した会議資料によれば、その１年以上前に、ＣＣＣだけが呼ばれて市長を相手にプレゼンしていたというのだから、これは抜け駆けである。試験本番前に、入学希望者と理事長が面接する〝裏口入学〟みたいなものではないのか。

ちなみに、ＣＣＣの市長プレゼンから３週間後の７月末、和歌山市は南海電鉄と和歌山市駅前再開発に関する基本協定を締結し、再開発事業は本格スタートしたのだった。

この件について市の担当部署に問い合わせてみたところ、「現在の担当者は、当時その会議には出席していないのでわからない」との回答だった。

もしかしたら、公務の世界では慣習的にこういうことが行われているのかもしれない

と思い、別の和歌山市の関係者にこの事実をぶつけてみたところ、こんな厳しいコメントが得られた。

「これから事業者を募集しようという時期に、その候補者となる企業1社だけを呼んで市長プレゼンするなんて、とても考えられません。自分がそのとき、もしその部署にいたら全力で止めますよ」

しかも、事前プレゼンの席に、再開発を担当する部署と図書館を管掌する教育委員会のスタッフまで同席しているとなると、これはあきらかに確信犯ではないのか。

こんな文書は、黒塗りなしでは到底開示できないはずである。ある図書館関係者は、CCC選定プロセスについて、こう分析する。

「2014年11月に市と県庁、南海電鉄の三者の実務スタッフ15名が大挙して武雄市を視察しています。おそらく、そのときにはCCCは新図書館の指定管理者に内定していたのでしょう。2016年7月の市長プレゼンは、CCCが新図書館構想を完成させ、その説明と確認に来たものだと思われます」

なお、2016年7月8日にCCCが市長プレゼンに来庁した件について、詳しく調べてもらえるよう担当部署に依頼しておいたところ、後日、以下のような回答が得られた。

「ほかの部署にも聞いて詳しく調べてみたが、そのとき本当にCCCが来庁したことを記録した資料は何も残っていなかった。可能性としては、市長のところに営業活動にきたということも考えられる。記録が何もないので、断定的なことは何もいえない」

新市民図書館が入る和歌山市駅前の再開発ビルには、総事業費123億円のうち94億円もの公金が導入されていることがわかっている。それほど巨額の税金が投入されたプロジェクトにもかかわらず、公正・公平な手続きを経ずに、特定の私企業だけが優遇されているように見える。

そんな疑惑を払拭するためには、より情報開示を進めるしかないのだが、和歌山市はほとんどの資料を黒塗りにして会議資料の完全開示を頑なに拒み、和歌山県は1年で廃棄のため「不存在」と回答している。当のCCCに至っては、昨年来、不祥事が発覚するたびに送っている筆者からのメールなどは完全無視の状態で、とりつく島もない。こんな状態では、疑惑は到底晴れないだろう。

和歌山市民は、いよいよ実現した「関西初〝出店〟のツタヤ図書館」のグランドオープンを、果たして手放しで喜べるだろうか。

グランドオープンの日に官製談合疑惑をつきつけた告発記事

この5月18日にリリースした記事は、〝爆弾資料〟に関する記事として予定していた3本のうちの第1弾だった。残り2本は、新しい和歌山市民図書館がグランドオープンする日の前日と当日に連続でぶつけるつもりで周到に準備していた。

グランドオープンの前日、6月4日にビジネスジャーナルに出した第2弾は、「ツタヤ図書館、工事遅延の文書を独占入手！行政もひれ伏すCCCの〝絶大な影響力〟が判明」という見出しを、ビジネスジャーナル編集部がつけた。実は、最初に内部告発メールが送られてきた翌日、別のメールアドレスからも内部告発文書が送られてきており、その内容を分析する内容だった。和歌山市民図書館の工期が大幅に遅れた経緯が書かれた内部文書だったのだが、施主でもない、ただの指定管理者であるCCCが絶大な権限を持って事業を差配していた事実があきらかになったのである。おそらくは、CCCの都合によって工期が大幅に遅れ、煮え湯を飲まされた南海電鉄関係者からの告発文書と思われた。

オマケのつもりで書いた第2弾だったが、文書のあちこちに不自然な空白があることに気づいたことをきっかけにして、内部告発文書を読み解いていくストーリーが思っていたよりもウケたと思われ、SNSで話題になった。

続くグランドオープン当日、6月5日の第3弾は、第1弾の続報の形を取ってはいるが、こちらのほうが本命記事である。見出しは**「5日オープンのツタヤ図書館、官製談合疑惑浮上…不正だらけの実態を暴く内部告発資料」**。官製談合の動かぬ証拠をつきつけた記事を一部加筆して再録する。

5月18日付当サイト記事『和歌山・ツタヤ図書館、市が公募前にCCCを内定か…事前に市長と面談、内部資料を独自入手』でも報じたように、和歌山市が図書館の運営者を公募する1年以上前に、CCCが市長にプレゼンする予定であることが記録されていた。

この件について担当部署に問い合わせてみると、「当時の記録が何も残っていないので、詳細はわからない」とのことだった。だが、これから事業者を公募しようという時期に、特定候補だけがフライングして市長にプレゼンしていたとしたら、あきらかに市がＣＣＣを優遇していたことを示す、動かぬ「証拠」ともいえる。行政問題に詳しい関係者は、こう指摘する。

「公募前に入札情報を漏洩《ろうえい》すると、独占禁止法違反や刑事罰に問える可能性がありまず」

実は、これは筆者が入手した会議資料原本コピーのほんの一部にすぎない。数十枚にわたる〝爆弾資料〟には、不正を疑わせる記述がほかにも何カ所も見つかったのだ。

黒塗りなしの会議録原本コピーを見て筆者が真っ先に違和感を覚えたのは、関係者会議の初回となった２０１４年６月３日の会議録（画像28）にある、以下の記述だ。

〈アール・アイ・エーとは再開発のコーディネート・景観を意識したトータルデザイン、竹中工務店とはオフィス棟の設計施工を中心に契約する〉

この発言者は、南海電鉄。アール・アイ・エー（ＲＩＡ）が正式に設計業務を落札したのは、２年後の２０１６年８月15日。竹中工務店が再開発エリアの施工者（南海辰村建設と浅川組のＪＶ〈ジョイント・ベンチャー：共同企業体〉に正式に選定されたのは、３年後の２０１７年３月だった。

南海和歌山市駅周辺活性化調整会議　記録

日時	平成26年6月3日（火）9:30〜11:40
場所	市役所本庁舎9階　第1会議室
出席者	（市・都市計画部）：上野部長、中西課長、中野企画員 （県・都市住宅局）：前田局長、皆川課長、加茂主幹、上柏班長、山形主査 （南海・経営企画部）：山下部長、水野課長
協議事項	第1回南海和歌山市駅周辺活性化調整会議
内容	○本会議について ・市駅周辺の活性化に向け、組織をもって協議を重ねていく。 ・幹事会は定期的に行い、調整会議でオーソライズする。 ・議事録は三者が確認する。 ・和歌山大学には必要に応じご協力いただく。 ○市の現状について ・まちなか再生計画推進会議を要綱をつくり立ち上げた。 ・H27年度に都市再構築戦略事業を策定する。 （基本、駅から半径1kmの範囲になるが、まず市駅からお城のエリアになる） ・発明館→売却するため跡地活用の条件なしで公募中 ○南海の現状について ・高島屋撤退後におけるスーパー出店の意向はまだない。 ・耐震改修について5000㎡未満につき義務はないが、責任ある対応をとる。マスコミに進め方を聞かれた時は、建替えも含めて検討していると回答する。 ・アール・アイ・エーとは再開発の全体コーディネート・景観を意識したトータルデザイン、竹中工務店とはオフィス棟の設計施工を中心に契約する。

【画像28】2014年６月３日の初回調整会議の場で、南海電鉄は、本事業について、アール・アイ・エー（RIA）及び竹中工務店と契約すると明言していた。両者ともに、形式上は、その後に南海電鉄が実施した指名競争入札によって選定されている。巨額の公金が投入される再開発事業で、あからさまな官製談合が行われていたことの動かぬ証拠といえる

南海電鉄とＲＩＡが主導してツタヤ図書館を誘致か

南海電鉄は「自社のプライベートな部分について契約した」としているが、私設部分を担った事業者が、そのまま巨額の補助金が投入される公的部分（新市民図書館）の設計・施工を担う事業者として選定されていたことに、あらためて驚く。

和歌山市駅前の再開発に関して、県と市に南海電鉄を加えて発足した調整会議は、尾花正啓市長が初当選する2カ月前の2014年6月からスタートした。賑《にぎ》わいの象徴だった高島屋の撤退が決まり、寂れつつある駅ビルをどうするかが大きな課題で、耐震改修も含めてさまざまなプランが検討された。そこに、にわかに浮上してきたのが、市民図書館を駅前に移転するプランだった。

スタートしたばかりの時期の会議録からは、南海電鉄が積極的に図書館を誘致することで集客したいという意欲が、ひしひしと伝わってくる。同社の発言の一部を以下に引用する。

「市民図書館を誘致したいし、タイミングを逸したくない想いがある。新市長に直接話をさせていただいて、トップダウンで決断をお願いしたいとも思っている」（2014年6月27日）

「本社の意向として、市民会館と市民図書館の両方あった方がコミュニティをつくりやすいが、優先順位が高いのは市民図書館」（2014年7月9日）

一方、和歌山市のほうは、駅前に市民図書館を持ってくると、専用駐車場の収容台数が現状よりも大きく減って不便になることなどから、当初、南海電鉄の提案に難色を示していたが、そのほかの条件が整っていったためか、次第に軟化していくさまが会議録からみてとれる。

財政再建を優先したため、保守系議員から、その在任期間を「失われた12年」と揶揄《やゆ》された大橋建一前市長の退任にともなって市長選が行われたのは、この翌々月のこと。県土整備部長から転身した尾花正啓氏が当選し、ここから大規模な開発プロジェクトが次々と立ち上がっていくのだった。

ある図書館関係者は、この間の経緯をこうみる。

「2014年6月27日、7月9日の調整会議では、市民図書館を（再開発エリアに）組み込むかどうかは〝新市長の判断〟と、市は述べています。一方で、南海電鉄のほうは新市長に直接話してトップダウンで決断してもらおうと、図書館移転を強く求めています。それからすれば、ツタヤ図書館誘致は南海電鉄とRIAによってもたらされたといえるのではないでしょうか」

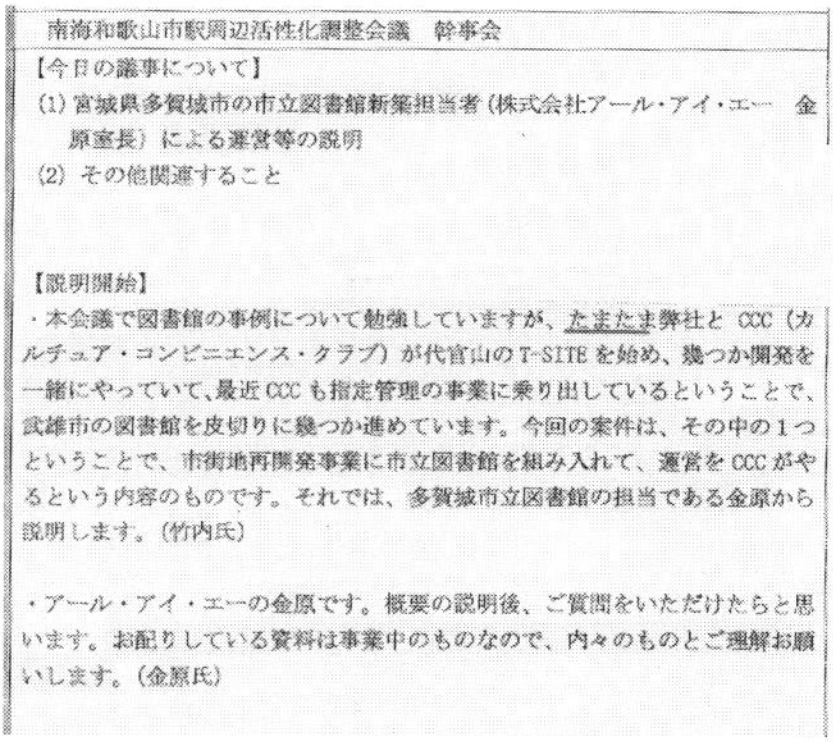

南海和歌山市駅周辺活性化調整会議　幹事会

【今日の議事について】

(1) 宮城県多賀城市の市立図書館新築担当者（株式会社アール・アイ・エー　金原室長）による運営等の説明

(2) その他関連すること

【説明開始】

・本会議で図書館の事例について勉強していますが、たまたま弊社とCCC（カルチュア・コンビニエンス・クラブ）が代官山のT-SITEを始め、幾つか開発を一緒にやっていて、最近CCCも指定管理の事業に乗り出しているということで、武雄市の図書館を皮切りに幾つか進めています。今回の案件は、その中の1つということで、市街地再開発事業に市立図書館を組み入れて、運営をCCCがやるという内容のものです。それでは、多賀城市立図書館の担当である金原から説明します。（竹内氏）

・アール・アイ・エーの金原です。概要の説明後、ご質問をいただけたらと思います。お配りしている資料は事業中のものなので、内々のものとご理解お願いします。（金原氏）

【画像29】南海電鉄に和歌山市と和歌山県が加わった調整会議の席でも、アール・アイ・エー（RIA）の担当者が、まだこの世に存在しない多賀城市立図書館の計画を“成功事例”として発表していた

未完成の宮城県多賀城市のツタヤ図書館を〝成功事例〟として紹介

駅前の再開発について話し合う調整会議が発足して3カ月後の2014年9月8日、民間コンサルタントによる新図書館の事例紹介が行われていた（画像29）。

説明に立ったのは、RIA。同社は、CCCのフラッグシップである代官山蔦屋書店の開発を手がけるなど、とりわけCCCと関係が深い。そのRIAが語ったのは、多賀城市立図書館の事業計画についてだっ

たのだから、筆者はひどく驚いた。

というのも、この時点では、多賀城市の新図書館は、まだこの世に存在すらしていないからだ。同図書館の完成は2年後の2016年1月、開館は同年3月。2013年7月に多賀城市がCCCと連携協定を発表した際に決まっていたのは、「東北随一の文化交流拠点づくり企画提案」にすぎず、かろうじてこの3カ月前にCCCが指定管理者に決まったばかりだった。

その事業計画立案と建築設計の実務を担当したRIAが、まだ存在していない図書館を成功事例として紹介していることには、違和感しかない。

またこのとき、13年に新装開館した元祖ツタヤ図書館である佐賀県武雄市の事例も少し紹介しているが、そちらはあくまで既存の建物の改修であって新築ではない。駅前に集客した事例でもないため、和歌山市のケースとは直接関係してこない。

適切とは思えない事例を、同社が南海電鉄サイドのコンサルタントとして和歌山市と和歌山県の関係者に披露していたのだから、すでにこの時点で何か着地点が用意されていたのではないかと考えざるを得ない。

（中略）

南海電鉄は、巨額の補助金がもらえて集客ができそうな図書館の駅前移転を望んでいたが、和歌山市民とすれば、移転せずに耐震補強して、図書館の中身を充実させたほうが、利便性もよく、はるかに負担が少なかったかもしれない。それにもかかわらず、税金を使って南海電鉄だけが得をする計画が立てられたわけだ。

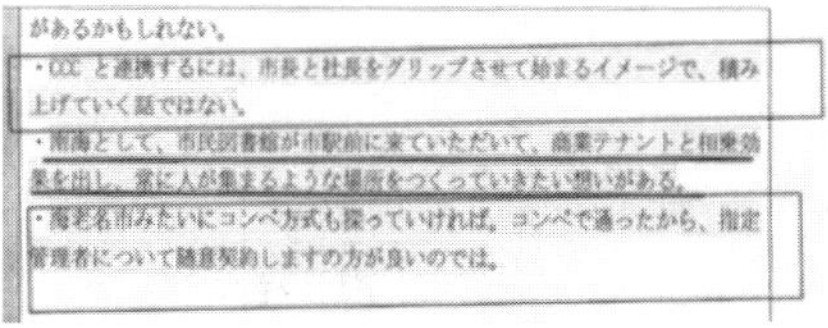
があるかもしれない。
・CCC と連携するには、市長と社長をグリップさせて始まるイメージで、積み上げていく話ではない。
・南海として、市民図書館が市駅前に来ていただいて、商業テナントと相乗効果を出し、常に人が集まるような場所をつくっていきたい想いがある。
・海老名市みたいにコンペ方式も探っていければ。コンペで通ったから、指定管理者について随意契約しますの方が良いのでは。

【画像30】2014年９月８日の会議資料では、アール・アイ・エー（RIA）の担当者がCCCとの連携について、社長との直接交渉や契約方法などについても事細かにアドバイスしていた

公募を装い、実態はデキレースにする筋道を画策

この日の会議録の最後には、同社のアドバイスとして、こんな仰天発言も記録されていた（画像30）。

「CCCと連携するには、市長と社長をグリップさせて始まるイメージで、積み上げていく話ではない」（平成26年9月8日）

「市長と社長をグリップ」とは、いったいどういう意味なのだろうか。また、一般的な行政の手続きとして行われている、市民の声を聞いたり、図書館を管掌する教育委員会に諮ったりといった「積み上げていく話」を全否定しているようにも解釈できる。

ある図書館関係者は、これらの発言について、こう分析する。

「RIAの担当者は、CCCと連携するには、こんな会議で検討する次元の話ではない。市長が直接CCCに申し入れて、手を携えて協同で進めるようにしろといっているのでしょう」

2013年の武雄市がそうだったように、市長とCCCの増田宗昭社長による〝トップ会談〟だけでツタヤ図書館の誘致を決めてしまえというわけだ。さらに、この図書館関係者は、会議録の末尾にある記述を、こう解釈する。

「『海老名市みたいにコンペ方式も探っていければ。コンペで通ったから、指定管理者については随意契約をしますの方がよいのでは』との発言もあります。これは、表面上は公正を装い、裏では筋書きどおりに進めるというやり方をアドバイスしたものだと思われます」

2015年にCCCとTRC（図書館流通センター）のJVを指定管理者にして中央図書館を新装開館した神奈川県海老名市の場合、2013年にプロポーザル方式（複数の企業による提案の中から最も優れたものを選ぶ方式）で公募は行ったものの、結果的にこの二者しか応募がなかった。それを念頭に置いた発言であることは明白だ。

現実に、先述のとおり、図書館の指定管理者が公募される1年以上前の2016年7月8日、CCCのみが市長プレゼンに訪れるという予定が会議録にしっかり記録されていたのだから、これこそ言い逃れのきかない不正な事業者選定の証拠だろう。

巨額の税金を投入する再開発事業を、市民の意見も聞かずに断行

この会議が行われた翌々月の11月には、調整会議のメンバー総勢15名が大挙して2013年4月にオープンした元祖ツタヤ図書館のある佐賀県武雄市に視察に出かけていたことが判明している。

前出の図書館関係者は、このときに和歌山市がツタヤ図書館誘致を内定したのではないかと指摘する。

調整会議が始まった翌年の2015年5月、和歌山市と南海電鉄は記者会見を開いて

「南海和歌山市駅活性化構想」を発表した。

駅ビルを建て替えてホテルや商業施設の入る建物に市民図書館も入居させる、総事業費123億円の一大プロジェクトだった。そのうち64億円が補助金で、図書館の建築費用30億円も含めると、公金は合計94億円にも上るが、事業計画の詳細については、このときにはまだあきらかにされていなかった。

当初、南海電鉄とは「随意契約するほうが安くついて効率的」と、和歌山市は主張していた。だが、市の負担だけでも補助金18億円、図書館建設自己負担15億円（国が半額負担）の計33億円は、本当に有利な条件だったのだろうか。しかも、それとは別のランニングコストとして、図書館運営そのものを民間委託したため年間3億円を超える指定管理料がかかってくる。

それだけの費用をかけて和歌山市が水面下で推進しようとしていたのが、武雄市で年間入館者のべ90万人の〝賑わい創出〟に成功したといわれているツタヤ図書館だった。

だがCCCの図書館運営は、大量の古本購入が問題になったり、巨額の費用がかかるわりに利便性に貢献していない独自分類や、貸出カードにTカードを導入するなど、専門家たちの評価は、お世辞にも高いとはいえない。

それどころか、指定管理者としての適性を問われるような不祥事が続出している。2019年2月、CCCは、100%子会社で基幹事業のTSUTAYAが、景品表示法違反を消費者庁から認定されて1億円を超える課徴金を課せられている。

動画配信サービス「TSUTAYA TV」で、2016年4月から2年以上にわたって、全作品を見放題であるかのように宣伝していたことが違法認定された。このとき、同社が運営する図書館についても「年間何十万人」とした来館者数は、施設全体の来場者数にすぎないのに、あたかも図書館だけの来館者数にようにアピールしているのは、誇大広告ではないのかとの声も出てきたが、進出自治体は、どこもCCCのこうした表示を問題視しなかった。

この市民図書館を移転・新築する計画の発表までに和歌山市が市民の意見を聞いた形跡は、どこにも見られない。いったい誰のための再開発事業なのか。市民は、「開館してしまったいまとなっては、プロセスはどうであれ、きれいな図書館ができてよかった」と、割り切れるのだろうか。

この記事が2020年6月にリリースされてから4年経過した本稿執筆時に振り返ってみると、南海電鉄・和歌山市駅の1日あたりの乗降客数は、2022年度に1万4373人と、前年の1万2714人から1割程度増えたものの、コロナ禍に見舞われる前の2019年度1万6455人と比べると、大きく落ち込んだままである。近隣の商店街は〝シャッターどおり〟のままで、市内のいくつかの書店も廃業を余儀なくされた。

和歌山市の人口は、この3年で4000人以上減っている（2019年35万5400人↓2022年35万1000人）。黒塗り文書のなかでバラ色の未来として描かれていたような〝ツタヤ図書効果〟を、実感できる市民は、ほとんどいないだろう。

告発記事を経てもなお、変わることがなかった和歌山市の対応

これらの記事を出したあとも、筆者や「市民図書館について学ぶ会」による真相究明の活動が終わったわけではなかった。同会の〝第二次審査請求〟に対する和歌山市の弁明書が出されたのが2020年10月23日。これを受け、同会が反論書を同年12月25日に提出している（画像31）。

その反論書の原案を同会の要請を受けて作成したのは筆者であるが、実は、反論書には

ＲＩＡが落札したコンペに参加した2社（X社とZ社）の企業名もイニシャルにせずに明記している。この企業名を明記するにあたっては、4社（ＲＩＡ、南海電鉄、X社、Z社）の広報担当者に、当該文書に社名が記載される旨を伝えたうえで、「もしこの内容が事実と異なるようであれば連絡してほしい」と伝えたが、結局その後どこからも連絡はなかった。

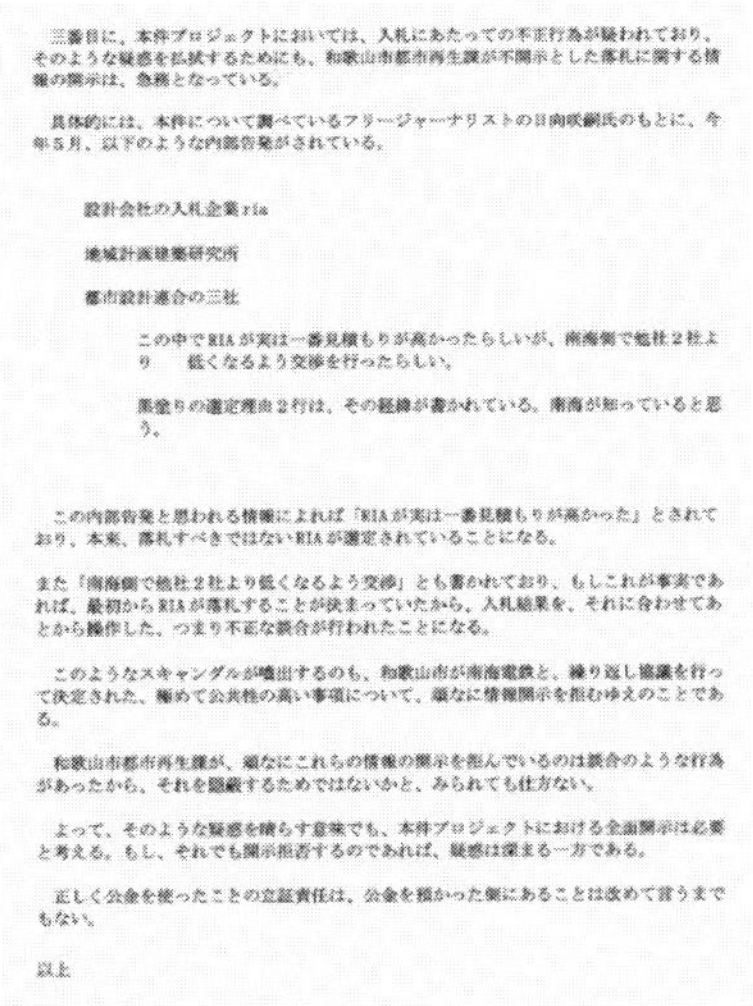

三番目に、本件プロジェクトにおいては、入札にあたっての不正行為が疑われており、そのような疑惑を払拭するためにも、和歌山市都市再生課が不開示とした落札に関する情報の開示は、急務となっている。

具体的には、本件について調べているフリージャーナリストの日向咲嗣氏のもとに、今年5月、以下のような内部告発がされている。

設計会社の入札企業 ria

地域計画建築研究所

都市設計連合の三社

この中でRIAが実は一番見積もりが高かったらしいが、南海側で他社2社より　低くなるよう交渉を行ったらしい。

黒塗りの選定理由2行は、その経緯が書かれている。南海が知っていると思う。

この内部告発と思われる情報によれば「RIAが実は一番見積もりが高かった」とされており、本来、落札すべきではないRIAが選定されていることになる。

また「南海側で他社2社より低くなるよう交渉」とも書かれており、もしこれが事実であれば、最初からRIAが落札することが決まっていたから、入札結果を、それに合わせてあとから操作した、つまり不正な談合が行われたことになる。

このようなスキャンダルが噴出するのも、和歌山市が南海電鉄と、繰り返し協議を行って決定された、極めて公共性の高い事項について、頑なに情報開示を拒むゆえのことである。

和歌山市都市再生課が、頑なにこれらの情報の開示を拒んでいるのは談合のような行為があったから、それを隠蔽するためではないかと、みられても仕方ない。

よって、そのような疑惑を晴らす意味でも、本件プロジェクトにおける全面開示は必要と考える。もし、それでも開示拒否するのであれば、疑惑は深まる一方である。

正しく公金を使ったことの立証責任は、公金を預かった側にあることは改めて言うまでもない。

以上

【画像31】市民団体が2020年12月に和歌山市に提出した反論書の一部。アール・アイ・エー（RIA）が落札したコンペに参加した2社の企業名もイニシャルにせずに明記している

反論書に明記した企業名を教えてくれたのは、〝爆弾文書〟を提供してくれたディープスロート氏である。最初に情報提供を受けてから3週間後のこと、何度かメールでのやりとりをしているうちに、ディープスロート氏が、南海電鉄が和歌山市に報告した入札調書について、こんな内部情報を提供してくれた（X社とZ社のところには、もちろん企業名が書かれていた）。

「(入札に) 参加したのは、RIAのほかにX社とZ社の三者であり、このなかで、RIAがいちばん見積額が高かったらしいが、南海側で他社2社よりも (入札額が) 低くなるよう交渉を行ったらしい、黒塗りの選定理由2行は、その経緯が書かれている」

開札してみたら、RIAがいちばん見積もりが高かった。そこで施主の南海電鉄がRIAに入札額を変えさせたというのだから、文字どおり違法な談合行為である。もし刑事事件になったら、関係者は全員逮捕されかねない事案だ。ディープスロート氏の話が事実であれば、この文書が開示されるだけで、報告を受けていた和歌山市と和歌山県も公認の官製談合があった事実を証明することになる。

しかし、2021年8月27日に出た〝第二次審査請求〟に対する答申の中身は、残念ながら、ゼロ回答といっていい内容だった。「和歌山市長 (実施機関) が行った部分開示決定は、妥当である」として、これ以上の開示は必要ないとの見解を示した。

第一次審査請求では、巨額の公金が投入される事業だけに、市民サイドの主張も取り入れて、応募事業者の企業秘密にも鋭く切り込んだ審査会が、今度は、打って変わって、全面的に行政側の言い分を鵜呑みにするような結論を出した。その理由は、以下のとおり、驚くほどそっけないものだった。

①不開示とした入札額、入札企業名が開示されることで、事業者の事業運営に多大なる不利益を与えるほか、事業者の取引先企業にも影響を及ぼすおそれがある。これらは条例で規定された「営業活動上の秘密」にあたるため、審査請求対象を不開示とすることに不合理な点はない

②施行者が民間となる再開発事業であり、実施機関（和歌山市）は、補助者として事業を進めているものである。受注した企業以外の法人名・入札額を開示すると、関係当事者間の信用を損ない、関係者の理解・協力が得られにくくなって事業遂行に支障を及ぼすおそれがあるため、不開示としたことに不合理な点はない

つまり、和歌山市は、単に南海電鉄が行う再開発プロジェクトの補助者であり、新しい市民図書館は、駅ビルを建て替えるついでに建ててもらうだけであり、図書館部分の建設

費30億円は出し、完成後に受け取る契約は交わしているが、その施工に市は直接関与していないから、南海と第三者の契約についての情報を開示する立場にはない、といっているようなものである。

1年7カ月もの間ずっと放置されていた審査請求が照らす公文書の「闇」

それにしても、審査請求は、結果が出るまでにあまりにも時間がかかりすぎる。「市民図書館について学ぶ会」の2回の審査請求は、どちらも審査請求してから答申が出るまでに2年以上もの時間がかかっている。

それでも、1回目の審査請求は210枚もの文書の内容を細かく検討したり、応募した2社の意向を確認していたので、ある程度に時間がかかるのは仕方ない面もあったが、2回目の審査請求（第二次審査請求）の対象文書は、たったの5枚である。審査内容も答申書をみれば、いたってシンプル。通常、審査請求の結果が出るまでは半年程度といわれるなかで、2年以上かかったのは、異様というしかない。その過程を整理すると図表8ようになるが、特に時間がかかっているのが、2019年3月11日の審査請求から2020年10月23日の和歌山市による弁明書の提出までである。ここだけで、1年7カ月もかかってい

2018年11月8日	市民図書館について学ぶ会が開示請求
12月17日	和歌山市が、入札調書を一部黒塗りで開示
2019年3月11日	同会が不服審査請求
	〜この間、1年7カ月進展なし〜
2020年10月23日	和歌山市が弁明書を提出
12月25日	同会が反論書を提出
2021年1月7日	審査会が市長からの諮問書を受理
2月2日	第1回審議（和歌山市から聴き取り）
2月15日	第2回審議（同会による意見陳述）
7月27日	第3回審議
8月27日	審査会が答申結果を同会に通知

【図表8】「市民図書館について学ぶ会」が行った、和歌山市に対する“第二次審査請求”の経緯

る。

「市民図書館について学ぶ会」は2カ月後の12月に反論書を提出。そして、双方の主張を付して審査会に和歌山市が諮問をしたのが2021年1月。審査請求してから1年10カ月も経過していた。

その間、和歌山市の情報公開審査会は少なくとも10回以上開催されていた。同じ時期のほかの案件の進捗はどうだったのかを調べてみると、2020年4月に審査請求された別の案件が、3カ月後の7月には審査会へ諮問され、11月には審査会の答申が出されている。審査請求から答申まで、たった7カ月である。

本件の審査会も、2021年1月7日に諮問書を受理してからは早かった。2月2日に実施機関（市の担当部署）から聴き取り、2月15日に市民図書館について学ぶ会が口頭で意見陳述したあと、7月27日に3回目の審議を行い、その結論を8月27日に同会に通知したという流れである。

いざ始まってしまえば、その後はトントン拍子で進むのに、とにかく最初の審査が始まるまでが長く、2年近くもかかっているのである。和歌山市の情報公開の担当課に「一般的にいって、審査請求をすると弁明書はどのくらいで出てきますか？」と聞いてみたところ、驚いたことに、「だいたい1カ月程度です」と回答した。

あとになって、ことの真相が次第にわかってきた。要するに、都市再生課の担当者が「市民図書館について学ぶ会」からの審査請求書を受理したまま、自分のところに留め置いていただけだった。この担当者を直撃取材したところ、「審査請求をした人は、自分の意思ではなく、人にいわれて行ったけれど、取り下げの意向を持っていると聞いていたので……」といったあとは、言葉を濁すのみだった。同会の世話人に確認すると、「そのようなことは一切ありません」ときっぱり否定した。

この件について記事を書くために、神奈川大学の幸田教授にコメントを求めたところ、「審査請求があったら、弁明書は可能な限り速やかに出して審査会の審査を適正に行うというのが行政に求められている義務です。したがって、いくら条例で弁明書提出までの期限が定められていないとはいえ、審査対象がよっぽど膨大な枚数でもない限り、必要以上に引き延ばすということは、違法の可能性が高い」とコメントした（ビジネスジャーナル「水道橋崩落の和歌山市、再開発には巨費投入…談合疑惑浮上、情報を不当に隠蔽か」2021年10月11日）。

筆者は、和歌山市の第二次審査請求の答申から数年経過したいま、この件を思い出すたびに、国有地売却をめぐる財務省の公文書改ざん問題で、改ざんを強いられて自死した近畿財務局職員の赤木俊夫さんの事件との共通点を考えてしまう。

和歌山市都市再生課の担当者は、文書の改ざんには手を染めなかったものの、南海電鉄から報告を受けるなど談合には関与していたのかもしれない。だとすると、もし談合が表沙汰になったら、最後は自分が責任を取らされるのではないかと、常に怯えていたのではないのか。

官製談合防止法違反罪の公訴時効は5年。RIAが「工事監理」を受託した2017年8月から5年間なら、2022年8月までなんとかひっぱればセーフになる。

RIAを選定した南海電鉄は民間企業だが、再開発事業には巨額の公金が投入されるうえ、南海電鉄が駅ビルと一緒に建設している市民図書館について、和歌山市が、南海の事業者選定を公認していたとなると、お咎《とが》めなしとはいかないかもしれない。真っ先に、責任を取らされるのはいつも末端の職員だ。

誰になんといわれようと、なりふりかまわず自分のところで留め置いて時間稼ぎをしたいと思ったのではないか。

審査請求書には、請求日がしっかり明記されているので、情報公開審査会の事務局はもちろん、審議した審査会の委員や関連文書を決裁した職員はみんな、1年7カ月もの間、「市民図書館について学ぶ会」からの審査請求が未処理のまま放置されていたことに気づいていたはず。役所内の誰もが都市再生課の担当者が放置した特別な事情を理解したうえで、頑なに沈黙を貫いていたとすれば、これは特筆に値する。これこそ、まさに公文書の「闇」といえるのではないか。

第5章　黒塗りよりも、はるかにタチが悪い「不存在」

自衛隊の日報隠蔽問題、加計学園の獣医学部新設問題などでもあった

役所の情報公開において、〝黒塗り〟だらけの、いわゆる「のり弁」よりも、場合によっては、はるかにタチが悪いのが「不存在」である。〝黒塗り〟は、たとえ一部でも、何かが書かれた「紙」があるだけマシで、黒塗りされていない箇所から、ほんのわずかでも何かを読み取ることはできるが、「不存在」は、最初から「紙」がないので、どうしようもない。

役所が出してくる「不存在」は、本当に「存在しない」のかというと、必ずしもそうとはいえない。「作成したけど、いまは存在しない」とか「存在するけど、出せない」とか、言葉にすると、とんでもなく理不尽&支離滅裂な現象が起きているのである。

「不存在」を類型化してみると、以下の5パターンがすぐに思いつく。

①本当にない
②あるけどない（行政文書ではない個人メモなど）
③保存年限が過ぎたので廃棄した

④ヤバイので作成しなかった（作成義務あり・なし）
⑤作成したけど、出すとヤバイので「ない」と言い続けてきた（けど、あった）

まず、①の「本当にない」は、理由はまったく不明だが、とにかく現時点では「請求された文書はない」パターン。

一方、不存在の理由が、職員の「個人メモ」はあるけど、それは公文書ではないので出せないというのが②のパターン。

職員が外部とやりとりした電子メールは、まごうことなき行政文書のはずだが、それ単体では「組織共有性がない」、つまり「単なる個人のメモだから出せない」とされがちだ。「共有フォルダに入っていれば行政文書として開示の対象になるが、それに入っていなければ対象外」とされるのが基本だ。市民がほしい情報ほど、「共有されていない」として出てこない。

同じくありがちなのが③の「保存年限が過ぎたので廃棄した」パターン。

会計書類だと保存年限は5年と比較的長いのに対して、出張の報告書などは保存期間が1年など短く設定されているめ、廃棄されてしまっていることも多い。電子メールは、1カ月程度で自動的にサーバーから削除される設定の自治体もあるので厄介だ。

昨今めだつようになったのが「ヤバイので作成しなかった」とする④だ。

重要な案件の会議録や決裁文書が何もないというときは、真っ先に、これを疑ってしまう。

そして究極の「不存在」が、⑤の「作成したけど、出すとヤバイので『ない』と言い続けてきた（けど、あった）」パターンである。

国政でいえば、自衛隊の日報隠蔽問題がすぐに思い浮かぶ。2016年にジャーナリストの布施祐仁氏が、自衛隊がPKO部隊を南スーダンに派遣していた際の日報を開示請求したところ、すでに廃棄したとされていたのに、再調査の結果、統合幕僚監部に電子データとして残っていることが判明。さらに、その後の特別防衛監察の結果、陸上自衛隊が保管していたこともあきらかになった。

2017年の加計学園の獣医学部新設問題も、同じパターンだ。内閣府から「総理のご意向だと聞いている」とか「官邸の最高レベルがいっている」といわれた文部科学省の文書が一度は怪文書扱いされたが、その後、文科省の複数の部署で共有されていたことが判明した。

そのほかにも、森友学園の国有地払い下げに関する交渉記録とか、アベノマスクの納入業者と厚生労働省職員とのメール（100通以上の存在があとから判明）とか、2016〜2020年にかけて、立て続けに起きた公文書問題は、いずれもこのパターンだった。ほとんどは、いくらジタバタしても「ないものはない」とされてしまうが、たまに「ない」とされたものが「ありました」となると、役所はいつもそういう隠蔽工作をしているのかと不信感を募らせてしまう。

この「不存在」は「市民への情報開示を頑なに拒絶している」という意味では、〝黒塗り〟とまったく同じである。本章では、文書の存在そのものが消されてしまう「不存在」は、いったい何を物語っているのか、筆者が体験したツタヤ誘致自治体のケースを例にして、その不可解な構造を解き明かしていくことにしよう。

特定の期間の議事録のみが残されていない〝議事録中抜き事件〟

役所で何か重要なことを決めるには、関係者が集まって協議をしないといけないので、そのときの会議録が必ずどこかに残っているはず。ところが、筆者がウォッチしていたツタヤ誘致自治体では、「これはどうやって決まったんだろう?」と疑問に思って調べていくと、そのプロセスがわかる文書が何も残っていないことが日常茶飯事だった。

図書館運営についての「不存在」に、筆者が怒り狂いそうになったのが、2021年に起きた和歌山市〝議事録中抜き事件〟である。

ことの発端は、2020年6月5日に新しい和歌山市民図書館がオープンした直後の些《さ》細《さい》な出来事だった。新市民図書館では、カウンターで職員と対面しなくても、セルフ方式で図書の貸出処理ができる貸出機が設置されていたが、その機器は、図書のバーコードを1冊ずつ読み取る旧式だった。新しい図書館には、蔵書にICタグが装備されていて、借りたい本を何冊もまとめて専用台に置くだけで、一瞬にして貸出処理が可能だ。なのに、どうして和歌山市は古いバーコード方式なのか。

その点を和歌山市教育委員会の担当課に確認したところ「ICタグ（の装備）は費用が高いので、導入を見合わせた」との回答。当時45万冊あった全蔵書にICタグを装備するのは、確かに負担は重いのだろうが、和歌山市では、新図書館への移転にあたって3億円を超える巨額の費用をかけた新たなシステムを導入するとしていたのに、なぜICタグ装備はそのなかに含まれていないのかと不思議に感じていた。

そんな〝もやもや〟が決定的に不信感に変わったのが、翌7月上旬のこと。全面開館したばかりの和歌山市民図書館を視察した関西在住の図書館の専門家に感想を聞いたところ、こんなコメントが寄せられたからだ。

「4階の児童書が、CCC独自の〝ライフスタイル分類〟になっていて、小学生の調べ学習には使いづらい」

筆者は一瞬耳を疑った。開館前の予定では「ライフスタイル分類は2階5万冊のみ」とされていて、そのほかのフロアはすべて一般的な図書館と同じNDC（日本十進分類法）のまま配架するとされていたからだ。いったい、いつの間に変更されたのか。

2015年に、CCC（カルチュア・コンビニエンス・クラブ）が独自のライフスタイル分類を導入して新装開館した神奈川県海老名市立中央図書館では、『カラマーゾフの兄弟』や『出エジプト記』が『旅行』に分類されていたことが批判を浴びた。それを問題視した和歌山市の「市民図書館について学ぶ会」が、2017年12月のCCC選定直後から同社の独自分類の導入に強く反対していた。

同会は、市教委にCCCの独自分類を導入しないよう2017年12月以降、再三要請していたが、市教委は、説明の場を設けることを頑なに拒否。その根拠が「独自分類の導入は2階5万冊のみ」とCCCがプレゼンで約束したものだった。同様の要請は、その後も市民から繰り返し行われていた。

ところが、2020年6月に全面開館すると、独自分類の対象冊数は7万冊と、当初予定より2万冊も増えており、フロアも2階だけでなく4階の児童書（7万冊には含まれず）がまるごとCCCの独自分類にされていた。

4階児童書のコーナーにもCCCの独自文類が導入されていた件について、和歌山市教育委員会の担当部署に問い合わせると、図書館設置準備班の責任者M氏がこう回答した。

「もともと、和歌山市民図書館の児童書は、NDCで分類されていたわけではなく、出版社別に分類・配架されていたものです。それでは使いづらいので、CCCの独自分類ではなく、うちの司書とCCCとで話し合って、新たに和歌山独自の分類をつくったんです」

しかし、その和歌山独自の児童書の分類項目と体系を詳しくみていくと、ほかのツタヤ図書館で取り入れているもの（CCCのライフスタイル分類の児童書）にそっくり。どのように決まったかについては、M氏は、こう釈明した。

「その話し合いは、すべてCCCとの定例会議事録に記録されています。それをみてください。その議事録は（「市民図書館について学ぶ会」の世話人の）○○さんから請求があって、開示していますよ」

なお、行政職員が情報開示請求を行った個人の名前を他者に漏らすのは違法である。

そこで筆者は、CCCとの定例会議事録を開示請求した市民図書館について学ぶ会の世話人から、その資料を借り受けて詳細に分析してみることにした。

計48枚の議事録は、個人情報や企業機密にあたる部分がほんの一部黒塗りされているものの、大部分はスラスラ読み進められる。

ところが、いくらページをめくっていっても、この議事録には、筆者が知りたかったI

Cタグ装備の費用や独自分類導入に関する肝心なことが何も書かれていない。ICタグについては、最初から導入する前提でCCCと協議されていた様子がうかがえる。それなのに、いつ、その方針が覆ったのかについては、議事録のどこにも記載されていない。

さらに、議事録に記載されている会議開催日を詳しくみていくと、途中、何カ月にもわたって、議事録がゴッソリと抜け落ちていることがわかった。これは、開示漏れではないのか。

そうM氏に問い合わせたところ「1週間待ってほしい」といわれたが、そのままなしのつぶて。しびれをきらしてこちらから何度か電話して、ようやく10日後にM氏を捕まえたら、「見つかりませんでした」とそっけない回答。それでも諦めきれず、職員個人のパソコンなどにも残っていないか調べてほしい、当時のメモがあれば、それを基に簡単な記録を作成してほしいと依頼するも、記録は見つからず。さらには「もう一度課内の人全員に保存していないのか聞いてもらえないか」と食い下がったとき、ついにM氏の感情が爆発した。

「だから、共有フォルダを1週間かけてさんざん探してみたんですよ。だけど、その間の文書はないんですよ！」

受話器の奥に響くM氏のイラついた声に、筆者は唖然《あぜん》とした。公文書を管理・保管して適切に開示する責務を負う役所の担当者が、「文書がない」ことの責任を痛感して反省するどころか、〝逆ギレ〟とも取れるような反応を示したからだ。

「議事録をみれば、4階児童書の分類についての経緯がわかると、あれだけ大見得切ってたじゃないですか。それがどうしてないんですか？」

筆者も思わず声が上ずってしまった。なぜ見つからないのか、会議は開催されたのか、見つからなければ職員個人のメモを元に復元するか、CCCが作成したものを提出すべきではないのかと追及しても、なんの釈明もなく「ないものはない」の一点張りだった。

後日、担当課長が「議事録が残っていないのは、重要なことではなかったからではないか」と釈明したが、和歌山市にとって、児童書の分類方式を変更することは、図書館運営の根幹にかかわることではないのか。

CCCとの定例会議は、CCCが和歌山市民図書館の指定管理者に選定された2017年12月の翌期にあたる2018年4月からスタートしている。以後7月までは、サービス内容や移転作業のスケジュールについての協議が月1～2回行われていた。日付をみると、同年7月11日を最後にプツンと途切れ、その後7カ月半にわたって空白状態が続いていた。

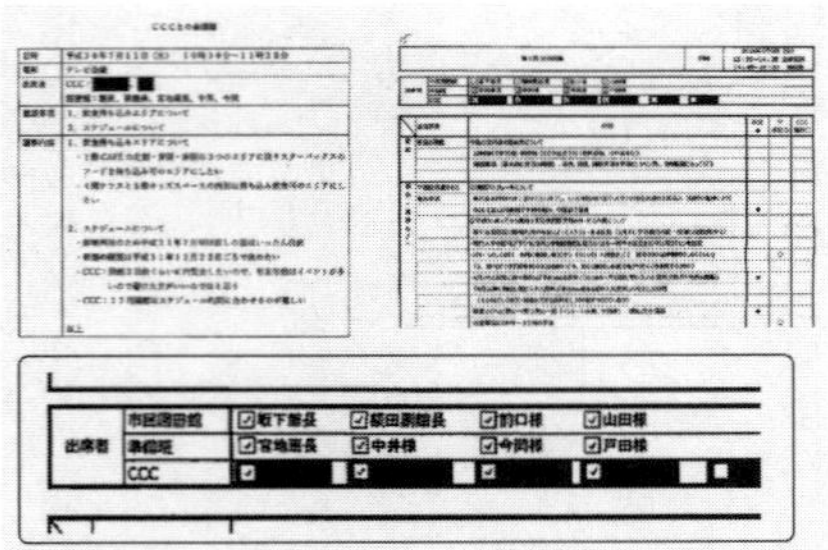

出席者	市民図書館	☑[illegible]	☑[illegible]	☑[illegible]様	☑山田様
	[illegible]	☑[illegible]	☑中井様	☑[illegible]様	☑戸田様
	CCC	☑[redacted]	☑[redacted]	☑[redacted]	☑[redacted]

【画像32】2018年７月11日の議事録（左）と、2019年３月５日の議事録（右）。2018年は７月11日を最後に議事録が途絶えるが、2019年３月５日に議事録が再開している。2019年３月５日の議事録の一部を拡大する（下）と、役所側から出席している職員名に「様」がついていることから、それ以降の議事録はCCCが作成したと思われる

議事録が再度復活したのは、翌２０１９年３月５日の会議からだった（画像32）。このときの議事録から書式が大きく変更されていた。和歌山市側の出席者全員に「様」がついていることからすると、これ以降の後半部分はＣＣＣ作成のものと思われる。

途中７カ月半もの期間、会議が一度も開催されなかったとは考えにくい。担当者によれば「全体会議と、サービスに関する分科会に分かれて開催した」とのことだったが、そのどちらの会議についても、この間の議事録は存在しない。

そもそも一部不開示であれば、その部分の議事録が全面黒塗りになっているはず。また、不存在であれば、「保存期限が経過したため廃棄」などの理由を明示したうえで、不存在の箇所が特定されているはずだが、それもない。誰かがコッソリと、この期間の議事録の

みを抜いて開示したとしか考えられない。もし、そうだとしたら、これこそ公文書の改ざんといってもいいような不法行為ではないのか。

「不存在」の理由を説明するうちに、矛盾があきらかになる

2020年6月に、和歌山市民図書館が全面開館したあと、それまでのCCC選定疑惑や官製談合疑惑についての取材は一段落したため、CCCの図書館運営について、細かくウォッチしていた筆者は、しばらくすると、公務の受託者であるCCCと、発注者である和歌山市との関係について、あることに気づいた。それは、日常業務については些細な内容も細かく記録されているのに、筆者がこれは重要だと思うことについては、ことごとく協議した記録が残ってないことだった。

その典型例が、指定管理者が満たすべき司書資格率の規定である。2015年に武雄市に次ぐ第二のツタヤ図書館として新装開館した海老名市では「全スタッフの50%以上が司書資格を保持していること」をCCCと締結した基本協定において求めていた。ところが、第三者評価の入った2017年度の一時期、CCC運営の中央図書館では、その司書資格率が50%を割るという協定違反が発覚。これが海老名市議会でも取り上げられて、指定管

理者の資質を問われる問題になっていた。

そんななか、2020年6月に新市民図書館が全面開館した直後、和歌山市では、CCCに求める司書資格率について「全従業者の50%以上」の前に、「パート職員や施設の維持管理を主たる業務とした従業者を除く」という一文が入っていたことが判明した。一見、些細なことのように思えるが、詳しく検証してみると、これがとんでもなく大きな差が出ることがあきらかになったのだ。

仮に、スタッフの数が全部で80人いた場合、「50%以上」の要件を満たすには40人も司書資格者が必要になるが、「パート職員を除くスタッフの50%以上」とすれば、フルタイム勤務20人の半数、10人の司書資格者を確保できればセーフとなる。資格者は、海老名市と同じ規定にした場合の4分の1で済むのだ。

自館の業務の質をわざわざ自分から落とすような条件をどうして和歌山市は設定したのか。事前にCCCと協議したなかで譲歩させられたのかと思い、この件で協議を行ったことがわかる文書を開示申出したが、返ってきた回答は「不開示」。理由は「不作成のため」だった。

では、司書資格率の条件は、どこに明記されていたのかをたどっていくと、これが意外なことに、CCCが選定される直前の2017年10月に作成された指定管理者募集要項（業務要求水準書）だった。和歌山市は、まだ指定管理者がどこになるかわからない募集段階から、すでに司書資格率の要件を劇的に緩和していた。いったいどうしてなのか。もしかして、この募集要項そのものを作成したのがCCCなんじゃなかろうか。筆者は、次第にそう思うようになった。

開館した翌年の4月、別件で、募集要項を作成した和歌山市教委の担当課の職員と電話で話す機会があり、そのときに失礼を承知で、思い切って、こうカマをかけてみた。

「司書資格率の要求水準は、何を根拠に、パート職員を除く50％以上にしたのですか、もしかして、CCCから雛形を提示されたんですか？」

返ってきた答えは「よく覚えていないけれど、CCCから雛形を提示されたことはない。他の自治体のケースを参考にして、こういうのにしたんだと思う」だった。

他の自治体で「パート職員を除くスタッフの50％以上」という例はあったのか再質問すると「それは記憶にない」と支離滅裂な答え。「どこかで、いまは司書を確保するのが難しくなっているという話があったので、その水準にしたんだと思う」という。

そこで、筆者は、こう反論してみた。「直営時代（市が直接雇用していた頃）に働いていた和歌山市民図書館の非常勤職員の司書資格率はほぼ100％でしたよね。その非常勤職員は、指定管理以降もCCCに継続雇用される方針だったことからすると、指定管理にする際には、もう少し高い水準に設定するのが自然だと思いますが？」

返ってきた答えは、さらに意味不明なものだった。

「和歌山市では、確かにそうだったが、県内の他市は難しいという話だった。たとえば岩出市とか……」

この担当者は、何かを隠している様子で、突っ込まれるたびにボロが出る。このやりとり以降、指定管理者の募集要項の雛形を、実はCCCが作成していたのではという疑いはますます濃厚になったのである。

図書館併設カフェの賃料が9割引だが、決定した経緯がわかる文書が「不存在」

司書資格率の件と同様に、決定までの経緯に関する文書がことごとく「不存在」だった事件があった。それが全面開館の2年後に発覚した「スタバ・蔦屋書店の賃料9割引疑惑」である。

図書館内に設置される店舗の賃料を最初にどこで決めたのかをたどっていくと、２０１７年10月に公開された指定管理者募集要項にいきつく。募集要項では、「応募者は市民図書館の１階を利用したカフェサービス事業を自主事業として提案してください」としたうえで、行政財産の目的外使用（カフェサービスの専用席など）として「現在の試算による使用料は、１年あたり３万１８５１円／㎡」という目安を提示していた（画像33）。

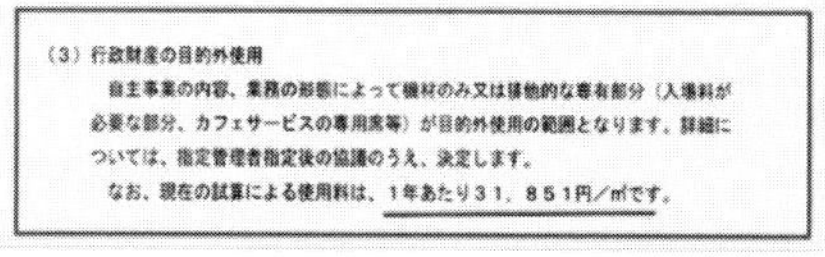
（3）行政財産の目的外使用

自主事業の内容、業務の形態によって機材のみ又は排他的な専有部分（入場料が必要な部分、カフェサービスの専用席等）が目的外使用の範囲となります。詳細については、指定管理者指定後の協議のうえ、決定します。

なお、現在の試算による使用料は、1年あたり３１，８５１円／㎡です。

【画像33】指定管理者募集要項には、「現在の試算による使用料は、１年あたり31,851円／㎡」という目安が提示されている

同館の１階部分は１６６９・15㎡あるが、仮にそのおよそ半分の８００㎡を民業店舗とした場合、指定管理者が和歌山市に払う賃料は年間２４００万円程度になる見込み。月に直すと約２００万円である（２０１８年に開館した山口県周南市の徳山駅前図書館は、１階スペースの約６割がＣＣＣ店舗）。

同館が入居する駅ビルの医療モールが、１㎡あたり年３万６０００円（月３０００円）で、完成前にテナントを先行募集していたことからすれば、１㎡あたり年３万円は、破格値ではあるものの、公共施設としては許容範囲といえなくもない。

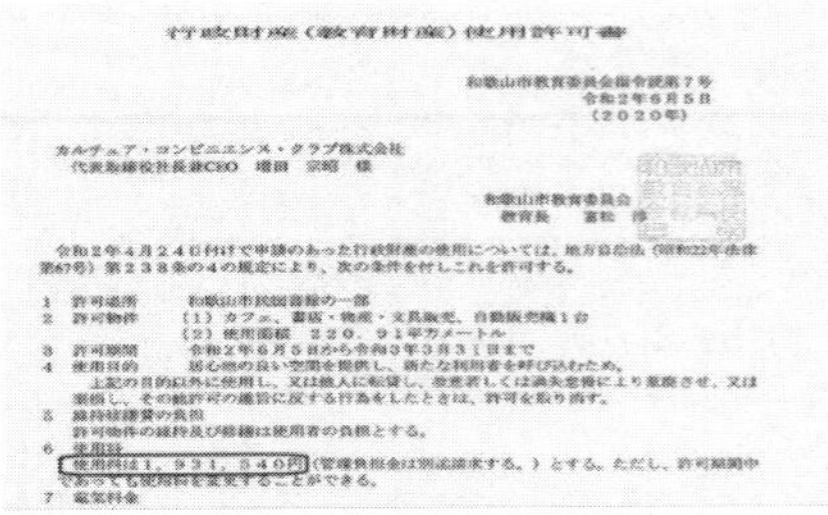
行政財産（教育財産）使用許可書

和歌山市教育委員会指令読第7号
令和2年6月5日
（2020年）

カルチュア・コンビニエンス・クラブ株式会社
代表取締役社長兼CEO　増田　宗昭　様

和歌山市教育委員会
教育長

令和2年4月24日付けで申請のあった行政財産の使用については、地方自治法（昭和22年法律第67号）第238条の4の規定により、次の条件を付しこれを許可する。

1　許可場所　和歌山市民図書館の一部
2　許可物件　（1）カフェ、書店・物産・文具販売、自動販売機1台
（2）使用面積　220．91平方メートル
3　許可期間　令和2年6月5日から令和3年3月31日まで
4　使用目的　居心地の良い空間を提供し、新たな利用者を呼び込むため。
上記の目的以外に使用し、又は他人に転貸し、故意若しくは過失により滅失させ、又は毀損し、その他許可の趣旨に反する行為をしたときは、許可を取り消す。
5　維持修繕費の負担
許可物件の維持及び修繕は使用者の負担とする。
6　使用料
使用料は1，931，540円（管理負担金は別途請求する。）とする。ただし、許可期間中であっても使用料を変更することができる。
7　延滞料金

【画像34】行政財産（教育財産）使用許可書には、「使用料は1,931,540円」と書かれており、許可期間は、令和２年６月５日から令和３年３月31日までの10カ月間のため、１カ月当たりの賃料に直すと約19万円ということになる

ところが、である。その後、指定管理者に正式にCCCが選定されたのち、２０２０年６月５日の新市民図書館オープン当日に出されていた行政財産使用許可書（画像34）をみると、実際の賃料（土地・建物使用料）は、月あたり約19万円（年間に換算すると約２３２万円）と、募集要項で明示されていた〝目安賃料〟を元に試算した金額の10分の１以下に下げられていたのだ。まさに息を飲むような値下げである。

２０１６年に、大阪府豊中市の時価９億円の国有地を、ゴミ撤去費８億円分値引きされて１億円で払い下げを受けたとされる森友学園の事件を彷彿《ほうふつ》とさせるような話ではないか。

和歌山市は、市民図書館の指定管理者を募集するにあたって、多くの事業者が応募してこないような平凡な条件を出しておきながら、ＣＣＣが指定管理者に選定されて、いざ運営開始という段階で、賃料を常識では考えられないくらい劇的に下げていたことになる。

この使用許可書をみて、真っ先におかしいと気づくのが使用面積である。許可物件の〝カフェ、書店・物産・文具販売、自動販売機1台〟の使用面積は〝220・91㎡〟とされている。約1670㎡ある市民図書館の1階部分について、少なめに見積もっても800㎡程度は賃料の対象になるはず。しかし実際には、その4分の1ほどの200㎡ちょっとしか賃料の対象になっていないのだ。

図面（画像35）をみてみると、そのカラクリが判明した。カフェの専用テーブルやカウンター、書店の棚など店舗が使用する部分のみをピンポイントに使用料の対象としていて、床や通路などはほとんど〝共用部分〟として使用料の対象からきれいに外れている。賃料を1円でも安くするためなのか、意図的な線引きがなされていたとしか思えない。

開館直後のニュース映像をみると、1階部分は8割以上がカフェと書店スペースにみえる。頭上の中2階の書架な

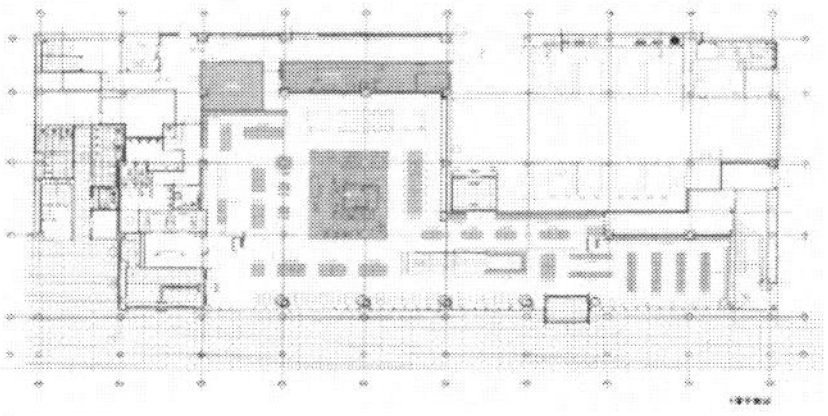

【画像35】和歌山市民図書館の1階部分を表す図面。賃料が発生しているのはグレーがかかっている部分のみ

ど、ほんの一部が図書館スペースになっているにすぎない。あとはすべてCCCの店舗なのに、この使用許可書では、それとは真逆に、ほとんどが「共用スペース」の扱いで、賃料対象部分を意図的に狭くする操作が行われていたことは、誰の目にもあきらかだった。

しかし、この使用面積の過小評価だけでは、賃料が10分の1以下になった理由の説明としてまだ十分ではない。賃料が安くなったもうひとつの要因は、賃料（土地・建物使用料）の単価の値下げである（画像36）。行政財産使用許可書にあった賃料（年間に換算すると約2 3 2万円）を使用面積（2 2 0・91㎡）で割ると、オープン後の実際の単価は1㎡あたり年間約1万円。募集要項にあった1㎡あたり年3万円の3分の1になっている。

1㎡あたり年1万円という単価を一般の賃貸住宅にあてはめてみると、20㎡のワンルームの月額家賃が1万6000円程度になる計算。築50年の風呂なし木造アパートですら、いまどき、そんな家賃では借りられない。それが県庁所在地のターミナル駅に新築された超一等地だというのだから、何か特別な政治的パワーでも発動されない限り、これほどまでの激安賃料が適用されることはありえないだろう。

問題の焦点は、森友学園がなぜ9億円の土地を1億円で国から払い下げを受けられたのかと同じく、いったいどういう理由で、募集要項では「1㎡あたり年3万円」としていた行政財産の目的外使用料を、CCCは選定されたあとに3分の1に下げてもらえたのか、また、使用料の対象面積をテーブルや棚単位で線引きして対象面積を狭くするという、非常識な申請を、何ゆえCCCはすんなり許可してもらえたのか、にある。この不正疑惑が発覚した2022年6月、市民図書館について学ぶ会が、この値下げの経緯がわかる文書を和歌山市教委に開示請求した。

すると、17枚の文書が開示されたものの、それらは2020年6月5日のオープン当日に決定された行政財産の使用料につ

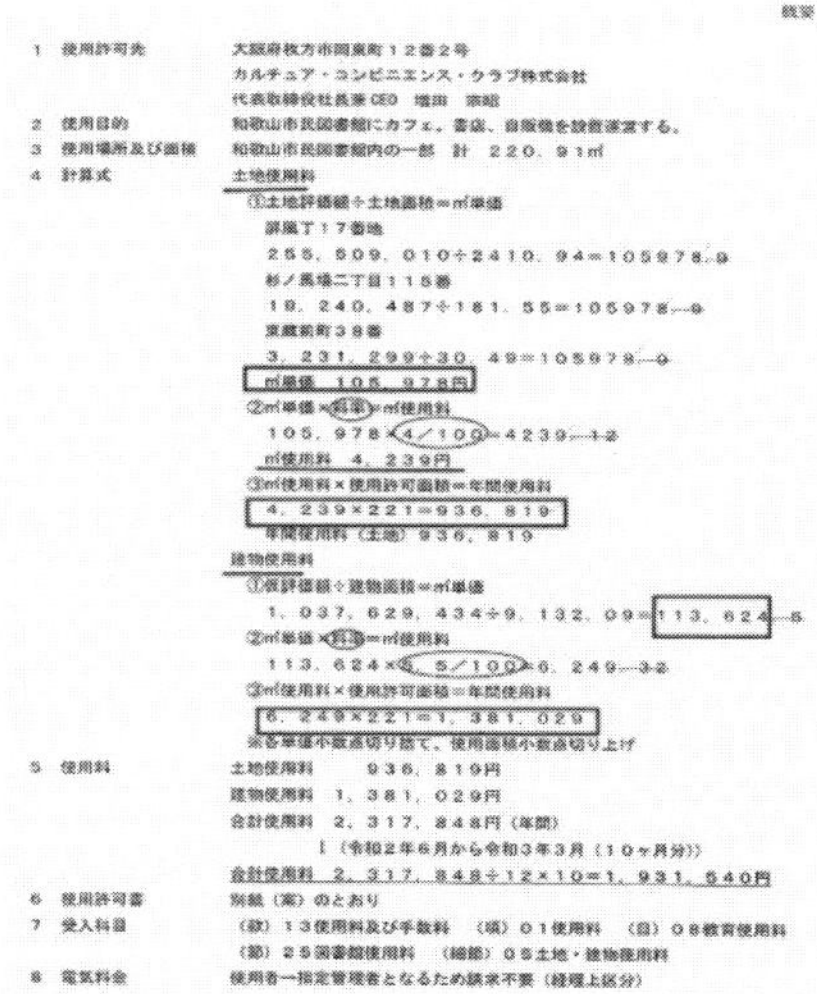

概要

1 使用許可先 大阪府枚方市岡東町12番2号
カルチュア・コンビニエンス・クラブ株式会社
代表取締役社長兼CEO 増田 宗昭
2 使用目的 和歌山市民図書館にカフェ、書店、自販機を設置運営する。
3 使用場所及び面積 和歌山市民図書館内の一部 計 220．91㎡
4 計算式 土地使用料
①土地評価額÷土地面積＝㎡単価
…丁17番地
255，509，010÷2410．94＝105978．9
杉ノ馬場二丁目115番
19，240，487÷181．55＝105978．9
…町38番
3，231，299÷30．49＝105978．9
㎡単価 105，978円
②㎡単価×料率＝㎡使用料
105，978×4／100＝4239．12
㎡使用料 4，239円
③㎡使用料×使用許可面積＝年間使用料
4，239×221＝936，819
年間使用料（土地）936，819
建物使用料
①評価額÷建物面積＝㎡単価
1，037，629，434÷9，132．09＝113，624．5
②㎡単価×料率＝㎡使用料
113，624×5．5／100＝6，249．32
③㎡使用料×使用許可面積＝年間使用料
6，249×221＝1，381，029
※各単価小数点切り捨て、使用面積小数点切り上げ
5 使用料 土地使用料 936，819円
建物使用料 1，381，029円
合計使用料 2，317，848円（年額）
↓（令和2年6月から令和3年3月（10ヶ月分））
合計使用料 2，317，848÷12×10＝1，931，540円
6 使用許可書 別紙（案）のとおり
7 受入科目 （款）13使用料及び手数料 （項）01使用料 （目）08教育使用料
（節）25図書館使用料 （細節）05土地・建物使用料
8 電気料金 使用者＝指定管理者となるため請求不要（経理上区分）

【画像36】「（CCCが）和歌山市民図書館にカフェ、書店、自販機を設置運営する」ためにかかる土地・建物使用料について説明する文書

いての文書ばかり。肝心の2017年の募集要項に記載された1㎡あたり年3万円とした、目安賃料の根拠がわかる文書は1枚もなかった。

募集要項記載の金額から値下げされた経緯がわかるものもなく、和歌山市教委は、市民を煙に巻いているかのような対応に終始していた。

筆者自らも、「市民図書館について学ぶ会」と同じような内容で開示申出を同年8月9日に行ったところ、和歌山市の担当課は「値下げした経緯がわかる当時の公文書は作成されていないが、それに関連した文書なら、これから作成して出せる」として、「文書不存在」の証明を出すことを渋った。「不存在」は出せないが、新たに説明文を作成したいと担当課はいってきたのだが、筆者は、決裁が行われた当時の書面でないと事実証明にはならないので、その申し出は断った。

市長の意向を忖度して、記録を残さないことが常態化している可能性も

「市民図書館について学ぶ会」に開示された17枚の文書を詳しくみていくと、興味深いことがわかった。最終的に賃料が決定されたのは、グランドオープン当日の2020年6月5日。その決裁を得るために出された伺い文書（6月3日起案、6月4日決裁）には、賃料

の計算根拠についての説明文書が添付されていた。

これらを精査すると、確かに条例で定められたとおりに計算されており、その基になる固定資産評価についても、あらかじめ資産税課による査定結果が出ていて、条例にある料率が恣意的に変更された形跡はない。

ということは、固定資産評価額を基に目的外使用料を算定すると、世間相場に比して著しく低い額になることは、あらかじめ想定済みだったのではないのかとの疑念が湧く。

むしろ、ヘンなのは、2017年の指定管理者募集要項に明記されていた「1㎡あたり年3万円」のほうだ。その5カ月前に基本設計が発表されたばかりで、まだ建物の影も形もないなかで、目安賃料を出すための固定資産評価も困難だったに違いない。

そんな筆者の疑問に対して担当課は「2017年当時の目安賃料は、権利変換計画で提示された金額を基に算定した」と回答しているが、このときまでに権利変換計画に関しては1枚の公文書も開示されていない。賃料が安くなった最大の要因である対象面積を狭く線引きした件についても、1枚の資料も開示されておらず、CCCと協議した形跡はまったくみられなかった。

これらの点を検証できる開示文書は、オープンの1カ月半前（2020年4月24日）にCCCから教育長宛に出された「行政財産使用許可申請書」だけである。その申請書には、テーブルや棚の部分だけ細かく色をつけた図面（199ページの画像35）が添付されており、事前になんの下交渉もないまま提出されていたら、即刻、突っ返されてもおかしくない非常識な内容なのに、すんなり決裁が下りている。しかも、オープン前に店舗で行うスタッフの研修などのために必要な開業準備期間についての使用許可はされておらず、その期間の分は無料で市から借りたことになる（山口県周南市の徳山駅前図書館では、開業準備期間中の賃料をCCCは納めている）。

コロナ禍の影響でオープンが予定よりも遅れたため、事前にCCCからの打診や担当部署との協議があったはずだが、それについての記録も何も残っていない。

和歌山市では、いったいなぜ、こんな不透明な行為がまかり通っているのだろうか。

第一に、専用のテーブルと棚単位で細かく線引きをして、賃料の対象を極端に限定している点については、行政財産の目的外使用に関する条例には、使用料の徴収範囲を定めた規定がどこにもみあたらない。そのため、市長（名目上は教育長）の裁量の範囲内で行われたのだろうか。条例では、公共的団体が公益事業を行う際に、市長は使用料の減額ができるとされているが、営利を目的とする民間企業については、そのような規定はない。

また、公共施設内で店舗を営業する場合、条例の規定を基に使用料を算定しているのだが、管財課によれば、条例が制定された昭和39（1964）年以来、土地についての料率は一度も改定されていない。建物についても、消費税導入前は5％だった料率が、導入後、ゼロコンマ数％ずつ改定されて、現在は5・5％になっているだけだという。

ツタヤ図書館のように、指定管理者に派手に民業を展開させる事業であれば、この行政財産の目的外使用に関するルールも、実態に即した内容に改定しなければならないはず。ところが、大昔の条例をそのまま適用することで、結果的に指定管理者に対する利益供与と指弾されかねないような安い使用料で公共施設内で営利事業を行わせることが可能になっているといえる。

そうしたなかで、特定企業と癒着している市長が、その企業に有利になるように便宜を図っているのではないのかとの疑念が湧く。役所内では、市長の意向を忖度《そんたく》して記録を残さないことが常態化していて、もはや誰も市長に異議を唱えることすらできなくなっているのだろうか。

筆者が開設しているブログ（ほぼ月刊ツタヤ図書館）のコメント欄には、関係者と思われる人物から、こんな不満の声が寄せられている。

「市議の上の方も市長もCCCというかスタバを引き入れて賑《にぎ》わい創出しか頭になく、君たちの仕事は『つつがなくCCCに図書館業務を引き継ぐことで、それに沿うように便宜を図れ』だったので、○○さんやほかの職員の議事録も都合悪いのは正式には提出しない。（公文書が）残ってないのは、都合の悪いものを廃棄したからというより、正式文書として上がってないからだと思います。

市長の決定有りきで、そうなるように資料をつくっていくので、矛盾や不都合が出るのも当たり前。『なんでそうなったの？』に対して『市長命令だったから』とは答えられないので、しどろもどろになったり、誤魔化したりになったんだと思います。なので、尾花（正啓）市長が市長でいる限りは絶対に確定的な資料は出てきません」

公文書を作成しなくてもよい「事案が軽微なもの」の規定や例示がない

重要なことを決めるのに、なんの記録も残していない和歌山市のケースをみるにつけ、行政プロセスの透明性を確保するためには、「出口」である情報公開とセットになっている公文書管理、つまり公文書を作成する「入口」に関するルール整備の重要性を痛感する。

２０１１年に全面施行された公文書管理法では、「地方公共団体は、この法律の趣旨にのっとり、その保有する文書の適正な管理に関して必要な施策を策定し、及びこれを実施するよう努めなければならない」（第34条）と、自治体に対して公文書を適正に管理する施策をとるよう、努力義務を課している。しかし、公文書管理条例を制定しておらず、どういう場合に文書を作成して、どういうふうにそれを管理していくかということについて詳細に定めたルールがない自治体もいまだにあり、和歌山市はその典型例ともいえる。

図書館内で営業する店舗の賃料について、どうして文書を作成しなかったのか、文書を作成するルールはいったいどうなっているのかを、２０２１年以降もしつこく追及していったのだが、わかったのは、彼らが従っている日常の業務で文書を作成するかどうかの指針になるルールはたったひとつしかないことだった。


【和歌山市文書取扱規程３条】職員は、事務事業の経緯も含めた意思決定に至る過程並びに事務及び事業の実績を合理的に跡付け、又は検証することができるよう、文書を作成し

なければならない。ただし、事案が軽微なものであるときは、この限りでない。

総務課や教育委員会に問い合わせて、さんざん調べてもらったところ、公文書を作成するかどうかに関する条文は、これがすべてだった。文書の作成方法や様式、決裁の取り方などは事細かに規定されているのに、作成しなくてもよい「事案が軽微なもの」とは、どういうものか、必ず作成すべき「事案が軽微ではないもの」とはどういうものかについての規定や例示はどこにも存在しない。職員個人の判断に委ねられているのが実情だった。

情報公開クリアリングハウスの三木由希子理事長は、こうした自治体における「文書不存在」の問題点をこう指摘する。

「国レベルでは、公文書管理法に基づくガイドラインなどの改正によって、文書作成義務の範囲が少しずつ整理されている部分はあります。一方、地方自治体では、各々が文書管理についての制度を整備する必要があるため、自治体ごとに差がある状態です。意思決定の結果やその経過についての文書作成義務が条例などで明確に定められていない自治体では、文書作成が職員の裁量に任せられていたり、組織で共有しない『個人メモ』として文書が作成されたりしていて、『不存在』となっているように思います。しかし、業務を行う上で、会議や打ち合わせの記録がないと、本当は困るはずです。だから、個人メモなどの形で手元に記録を残していることが散見されるのです。現場の職員が取った打ち合わせや会議の記録も公文書として残すようにしていただきたいものです」

「行政財産の使用許可に不十分な事務手続きがあった」と監査委員が認めた

2020年6月に新市民図書館が南海電鉄和歌山市駅に移転・開館後、社名を隠した求人広告（和歌山市民図書館として募集）、コロナ禍の真っ只中に、4階児童書コーナーで国のガイドライン（収容定員の50％以内）を超えた人員のイベント開催、司書資格率の劇的基準緩和や店舗賃料9割引に続いて、CCC運営をめぐる疑惑や不祥事は、文字どおり、枚挙に暇《いとま》がないほど続発した。

CCCが和歌山市から繁忙期のみ臨時で借りている館内の共用スペースを、契約で禁止されている他店へ又貸しして稼いでいる疑いが発覚したり、図書館内で営業しているスターバックスが負担している光熱水費の内訳が「企業秘密にあたる」として黒塗りだらけで開示されたり、その黒塗り部分をほかのデータとの関連性によって解析していくと、光熱水費が通常店舗の4分の1以下だったり、蔦屋書店が電気代月6000円のみ負担という優遇を受けていたり、開業準備期間中における店舗の光熱水費を和歌山市はCCCに請求していなかったり、図書館スタッフを店舗運営に従事させる公私混同を行っているのではと疑われたり、調べれば調べるほど、同社による図書館運営は、一般の市民にはみえないところで、市から特別な優遇を与えられている実態が次々と露呈したのだった。

しかし、そうした疑惑や不祥事を筆者がブログやネットニュースに書いても、それらが市議会で取り上げられることはなく、改善されることも一切なかった。

そこで筆者は、2022年11月以降、自ら調べあげた内容を審査請求でお世話になった「市民図書館について学ぶ会」に提供して、これらの出来事をもとに監査請求を行うことを勧めた。そうしたところ、世話人の方が2022年12月27日、住民監査請求を提起するに至ったのである。

翌年2月、和歌山市監査委員は、この請求を全面却下した。監査委員は、情報開示の審査会（情報公開・個人情報保護審査会）と違って、市長が自らの意向を汲んでくれる議員や元役所の職員などを選任することが多いため、市民の請求を認める結論は出にくいといわれる。そうしたなかでも、和歌山市の監査委員は、一部分については「行政財産の使用許可に不十分な事務手続きがあった」ことを認めたうえで「市民図書館の運営に対し市民が疑念を抱く結果を招いたと言わざるを得ない」と苦言を呈する結果となった。

棄却にはなったものの、CCCによる図書館運営について、市民から疑念を抱かせる数々の行為があった事実を公式の記録に残すことができたのは、ひとつの収穫だったと筆者はとらえている。もしこれがなかったら、世間的には一切何もなかったことにされかねない。

一方、地元メディアのこの件に対する対応は異様だった。「市民図書館について学ぶ会」が住民監査請求を提起した際には、世話人が記者クラブを通して資料を配布したり、監査請求の趣旨を丁寧に説明していたにもかかわらず、地元メディアはどこも、この監査請求について報じなかった。

それどころか、朝日新聞に至っては、2023年1月27日付和歌山版で、市民図書館の来館者が移転2年半で200万人に達したという、あからさまな提灯《ちょうちん》記事を出していた。CCCが発表する運営施設の来館者数に対しては、付属のカフェ・書店や駅ビル利用者も含めた施設全体の来場者数（美術館や博物館の場合はチケットを購入した有料入場者数だが、無料の図書館はゲート通過またはカメラ計測者数を独自計算）であり、その出入をカウントする機器の精度についても、ダブルカウントが指摘されるなど、それまでさんざん疑義が呈せられていた。にもかかわらず、そうしたことには一切ふれずに「累計来館者200万人超」と、CCC作成のリリースを丸写ししたかのような礼賛記事に、その実態を知る者はみな呆《あき》れかえったのだ。

ツタヤ図書館誘致自治体では、いつもみる光景ではあるが、市民の声がここまで徹底的に無視される事案もめずらしい。

辻褄の合う説明ができなくなり、「不存在」の文書の存在が露見する

「文書不存在」の決定は、市民が知りたい情報を非開示にする〝黒塗り〟と同様に厳しく批判されるが、「ないものはない」と開き直ってしまえば、市民は「いや、あるはずだ」といくら粘ったところで、それ以上はどうすることもできない。自分たちが批判されかねないヤバイ情報を出したくなければ、日頃から、できるだけ文書を作成しないようにするのが役人にとっていちばん手っ取り早い処世術だろう。

あるいは、記録に残さないとマズイものは「個人メモ」扱いにして、共有フォルダには入れないようにするだけで「不存在」にできる。さらには、「共有」されていても、「軽微な内容のもの」に分類しておけば、最短1年未満で廃棄できるのだ。

だがしかし、それでも、ウソはバレる。追及されているうちに、だんだん辻褄《つじつま》が合わなくなってしまい、隠していた情報をどうしても出さざるを得ない局面が出てくるのが開示請求の恐ろしいところである。

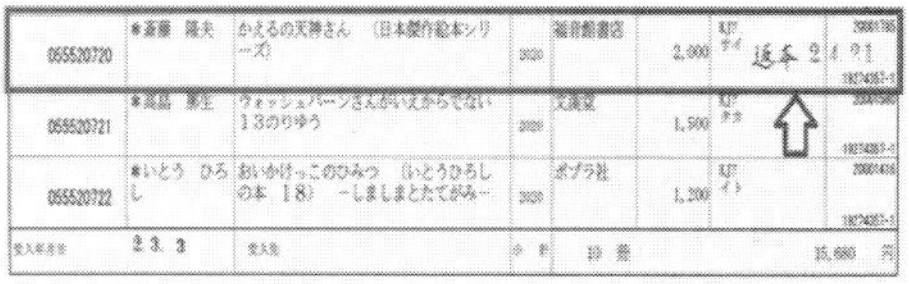

【画像37】和歌山市民図書館西分館の図書原簿。版元から返本要請のあった図書の欄に手書きで「返本」と書かれていて、その処理をした日付スタンプが押されていた。この情報をもとに「返本の経緯が分かる文書及び根拠を示す文書」を開示申出したところ、CCC提出の顛末書が開示された

たとえば、２０２３年６月頃、筆者は、和歌山市民図書館が移転したときの引っ越し作業などで、大量の本がなくなっているのではとの噂《うわさ》をキャッチした。残念ながら、除籍関連の資料をいくら調べてみても、そのような事実を示す文書は確認できなかったのだが、その過程において、西分館の全蔵書データが入っている図書原簿約１２００枚（２０１９〜２０２０年度）を開示申出して調べていたところ、『かえるの天神さん』という児童書が「返本」扱いになっていたことを見つけた（画像37）。そこで筆者は、「返本の経緯が分かる文書及び根拠を示す文書」を開示申出した。その回答として、２０２４年３月に開示されたのが、画像38

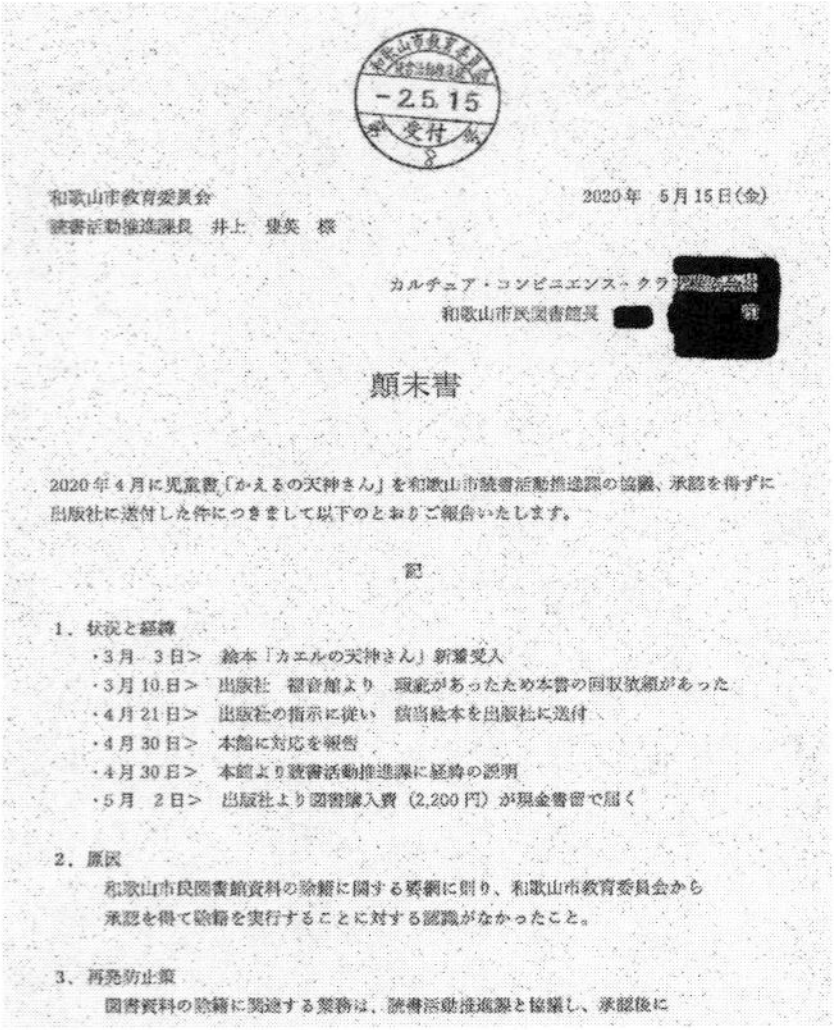

－2.5.15
受付

和歌山市教育委員会　　　　　　　　　　　　　　　　2020年　5月15日（金）
読書活動推進課長　井上　豊美　様

カルチュア・コンビニエンス・クラ[redacted]
和歌山市民図書館長 [redacted]

顛末書

2020年4月に児童書「かえるの天神さん」を和歌山市読書活動推進課の協議、承認を得ずに出版社に送付した件につきまして以下のとおりご報告いたします。

記

1．状況と経緯
・3月 3日＞　絵本「カエルの天神さん」新規受入
・3月10日＞　出版社　福音館より　瑕疵があったため本書の回収依頼があった
・4月21日＞　出版社の指示に従い　該当絵本を出版社に送付
・4月30日＞　本館に対応を報告
・4月30日＞　本館より読書活動推進課に経緯の説明
・5月 2日＞　出版社より図書購入費（2,200円）が現金書留で届く

2．原因
和歌山市民図書館資料の除籍に関する要綱に則り、和歌山市教育委員会から承認を得て除籍を実行することに対する認識がなかったこと。

3．再発防止策
図書資料の除籍に関連する業務は、読書活動推進課と協議し、承認後に

【画像38】2020年４月に和歌山市民図書館・西分館で起きた不祥事に関する顛末書

に示した顛末書《てんまつ》である。

それまで、担当の読書活動推進課では、筆者が要求し続けていた特定期間中の除籍関連資料の存在を頑なに否定していたのだが、図書原簿のデータをつきつけられたら、辻褄の合う説明をしないといけなくなり、顛末書と関連の除籍資料を出さざるを得なくなったのだ。

顛末書には、２０２０年3月に和歌山市民図書館・西分館が新刊で受け入れた児童書『かえるの天神さん』について、版元から「編集上の瑕疵《かし》があった」として返本要請を受けたCCCの社員が安易にその要請に応じてしまったことの経緯が書かれている。

受け入れた資料の提供を中止する場合、必ず教育委員会の決裁を経る手続きを取らない

といけないが、ＣＣＣが運営する和歌山市民図書館・西分館では、そうした手続きが取られていなかったのだ。

版元の回収要請に応じるのは当然と思われるかもしれないが、図書館には、一度提供すると決めた資料は、めったなことでは停止・中止してはいけないという不文律がある。国民の知る権利に応えることが求められているからだ。どこかから本の内容にクレームがつくたびに資料の提供をやめてしまうと、『図書館の自由に関する宣言』でうたわれている「資料提供の自由」を担保できなくなる。

『かえるの天神さん』の版元は回収理由をあきらかにしていなかったが、ある図書館関係者が次のように教えてくれた。

「菅原道真をかえるにたとえたことを理由として、北野天満宮の代表者から（回収の）申し入れがあったようです。作者の息子さんの当時のフェイスブックによると、作者としては納得がいってない、とのことです」

タブーにでもふれたのだろうか。第三者から本の内容についてなされたクレームに対して、ここまで版元が敏感に反応するのも異様だが、さらにその版元からの返品要請に図書館サイドが、ホイホイ応じたのだとしたら、由々しき問題ではないか。ＣＣＣでは、日常的に市教委の許可を経ないで蔵書を除籍する行為が横行していたのだろうか。市教委が指定管理者のガバナンスを完全に失ってしまっていることを、はからずも示した事件となったのである。

このことが発覚した際には、読書活動推進課内は大騒ぎになったはずだ。しかし、やらかしてしまったものはしょうがない。ＣＣＣが市教委にこの経緯を報告した顛末書を提出して、一件落着としたようだ。もちろん、そのようなことがあった事実は一切公表されず、顛末書の存在も隠されていた。情報公開制度がなければ、このような不始末も、永遠に市民に知れることはなかっただろう。

第6章　黒塗りなし公文書が照らす民間委託の闇

東京都知事が是正指導を受けた「都立高校偽装請負事件」

ここまで和歌山市民図書館をめぐる官製談合疑惑の話題を中心に、黒塗り公文書の「闇」に光をあててきた。さらにここからは、私が一枚の公文書が持つ〝潜在的な威力〟を知った「都立高校偽装請負事件」の顛末《てんまつ》を取り上げ、公文書の保管および情報公開の重要性を再確認し、本書の最終章としたい。

ひょんなことから入手した公文書から、東京都教育委員会が公表せずに隠してきた不祥事についての情報を筆者がつかんだのは2019年6月のこと。東京都立高校に労働局の査察が入っていて、その結果、東京都が是正指導を受けていたという、前代未聞の出来事が起きていた。

きっかけになったのは、和歌山市での出来事だった。2019年6月当時、まもなくツタヤ図書館として開館する予定だった新市民図書館を運営するCCC（カルチュア・コンビニエンス・クラブ）が、どういうわけか「市内小中学校の学校図書館の運営もついでに受託することになっている」との未確認情報をキャッチした。

「そんなバカな。社会教育を担う公共図書館と学校教育を担う学校図書館とはまったく別の性質の施設だし、市教委内での管轄も異なる。それを一緒くたにして民間事業者に運営させるなんてことが可能なのか？」

そう思って調べていくうちに、都立高校で「偽装請負事件」が起きていたことを知り、「学校図書館を民間委託する」という行為が、ともすると違法状態に陥りかねない危うい行為であることがわかったのだった。

その違法状態が完全に改善されないまま、学校教育の現場にまで深く入り込んでいた〝公務ハケン屋さん〟グループの存在を、のちに突き止めることになる筆者は、2019年9月から足掛け2年にわたってビジネスジャーナルに、この問題を不定期で連載してきた。

取材の過程で浮かび上がってきたのは、専門的なノウハウを持たない地場の小さなビル管理会社が、〝公務ハケン屋さん〟グループ企業を形成することで、いつの間にか190校近くもある都立高校の学校図書館の大半を独占的に運営するという歪《いびつ》な民間委託の姿だった。

「民間でできることは民間に」の掛け声の下、気が付いたら、教育現場のどまんなかにある学校図書館までもが、一企業の「金儲けの道具」として食い物にされるまで深刻な事態に発展していたのだ。
1枚の公文書に端を発した事件は、調べるうちに次第に大きな広がりをみせてきた。もう少しで「私物化」が完遂する寸前という場面で、「公文書開示の鬼」ともいえる都議会議員の活躍によって最悪の事態は回避されたのだった。

画像39をみてほしい。平成27（2015）年7月29日付で東京労働局長が出した「是正指導書」である。注目したいのは、宛先が2015年当時に東京都知事だった舛添要一氏になっていること。

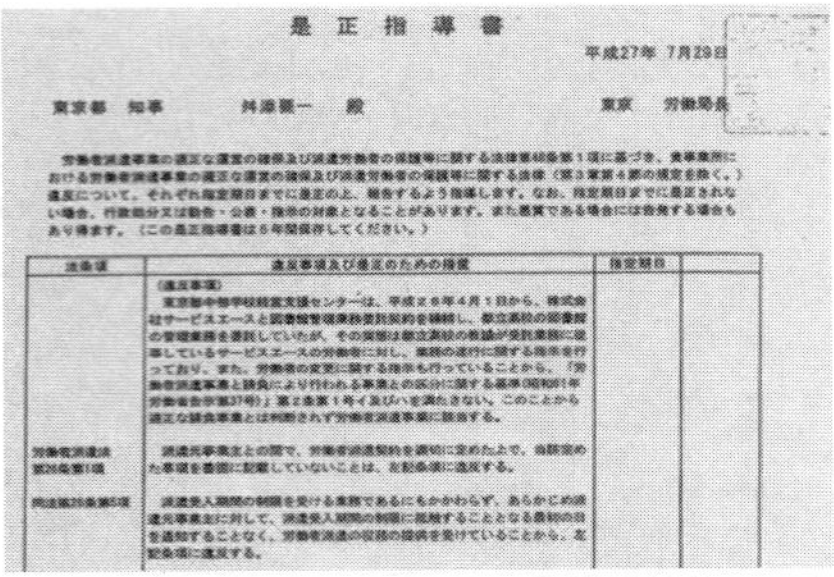
是正指導書
平成27年 7月29日
東京都 知事 舛添要一 殿
東京 労働局長

【画像39】2015年7月29日に労働局長名で、東京都・舛添要一知事に出された是正指導書

いったい何ゆえ、都知事が労働局長から指導を受けなければならなかったのか。

労働局の是正指導書では、民間事業者に委託していた図書館の運営業務が、実態としては労働者派遣事業であるにもかかわらず、派遣元、派遣先ともに、派遣事業に求められている要件を欠いていることの違法性を認定している。

一言でいえば、「偽装請負」である。特定の業務をまるごと請け負う業務委託の形を、契約上は取りながら、その実態は、クライアントの現場に人を派遣して、委託元のスタッフから指示命令を受ける「労働者派遣事業」を受託企業が無許可で行っていたことになる。悪い言い方をすれば、都教委は「手配師」とか「口入屋」と呼ばれる違法な事業者を使って都立高校の学校図書館に司書を派遣してもらっていたといっていい。

なお、前章までみてきた公共図書館の運営をCCCなどの民間企業が担うケースでは、施設の運営をまるごと民間企業に委ねる指定管理者制度が活用されていたが、学校図書館は指定管理者制度の対象外であるため、業務委託契約となる。指定管理された公共図書館では、館長が図書館のスタッフに直接指示命令を出せるが、業務委託された学校図書館では、校長や教員が図書館のスタッフに直接指示命令を出すことはできない。


この文書を東京都へ開示請求して入手していたのは、2015年当時、「東京の図書館をもっとよくする会」の事務局長を務めていた池沢昇氏である。

「この頃、都立高校の関係者の間に、どこかの学校図書館に労働局の調査が入ったらしいとの噂がかけめぐっていました。何があったのかわからないので、その真偽を確かめるべく、都立高校を管轄する東京都教育委員会と、調査に入った東京労働局の双方に情報開示請求をかけたところ、都教委のほうから、その経緯がわかる文書がすんなりと開示されたんです」

黒塗りだらけの文書が日常的に開示される現在の東京都からすれば信じられないことだが、この文書には、ほとんど黒塗り部分がない。後日追加で開示されたものも含めて全体で約100枚の文書は、民間企業の担当者の名前など個人情報や決裁文書の印影のほか、内部の打ち合わせが数カ所黒塗りされている程度。

そのため、途中でつっかえることなく、スラスラと読める。しかも、日付順に読んでいくと、何か起きるたびに詳細な報告書が作成されていて、事業者とのやりとりの記録も、会議録だけでなく、事業者から提出された始末書なども添付されていた。どの文書も簡潔ながら要領よくまとめられている（画像40）。よくぞ都教委は、自らの不祥事を、ここまできれいに開示したものだと感心していたら、その真意を池沢氏はこう解き明かしてくれた。

「都教委としては、違反行為はあったけれども、その後、実態を調査したうえで、労働局の指導どおりに是正を完了した。問題のあった業務のやり方については、各校に指導して、仕様書などもちゃんと是正したので、なんの問題もないというつもりで開示したのでしょう」

しかし、当時、東京都は、この不祥事については、一切公表しなかった。そのため、偽装請負で労働局に是正指導されたことが世間に知られて批判の的になることはなかった。

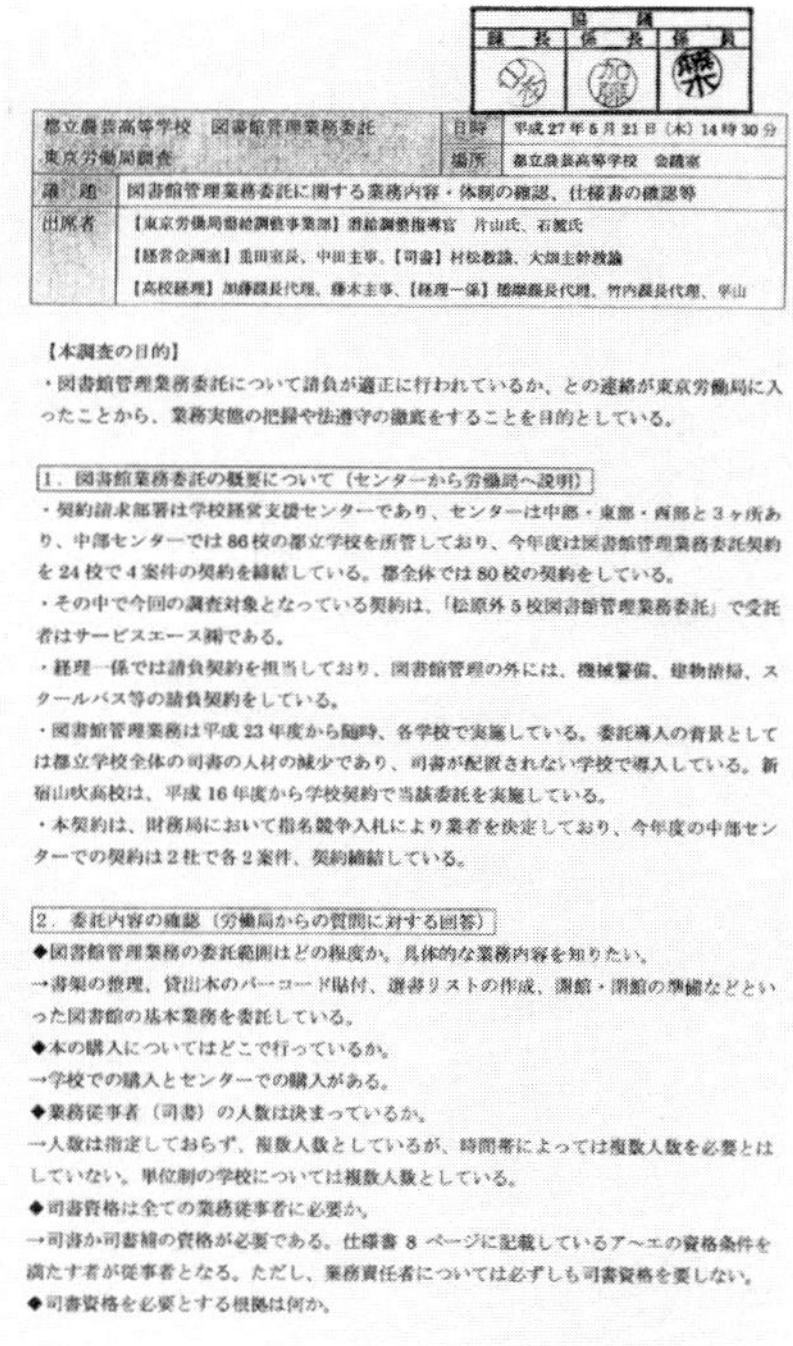

協議		
課長	係長	係員

都立農芸高等学校　図書館管理業務委託 東京労働局調査		日時	平成27年5月21日（木）14時30分
		場所	都立農芸高等学校　会議室
議題	図書館管理業務委託に関する業務内容・体制の確認、仕様書の確認等		
出席者	【東京労働局需給調整事業部】需給調整指導官　片山氏、石鍋氏 【経営企画室】島田室長、中田主事、【司書】村松教諭、大畑主幹教諭 【高校経理】加藤課長代理、藤木主事、【経理一係】藤原課長代理、竹内課長代理、平山		

【本調査の目的】

・図書館管理業務委託について請負が適正に行われているか、との連絡が東京労働局に入ったことから、業務実態の把握や法遵守の徹底をすることを目的としている。

1．図書館業務委託の概要について（センターから労働局へ説明）

・契約請求部署は学校経営支援センターであり、センターは中部・東部・西部と3ヶ所あり、中部センターでは86校の都立学校を所管しており、今年度は図書館管理業務委託契約を24校で4案件の契約を締結している。都全体では80校の契約をしている。

・その中で今回の調査対象となっている契約は、「松原外5校図書館管理業務委託」で受託者はサービスエース㈱である。

・経理一係では請負契約を担当しており、図書館管理の外には、機械警備、建物清掃、スクールバス等の請負契約をしている。

・図書館管理業務は平成23年度から随時、各学校で実施している。委託導入の背景としては都立学校全体の司書の人材の減少であり、司書が配置されない学校で導入している。新宿山吹高校は、平成16年度から学校契約で当該委託を実施している。

・本契約は、財務局において指名競争入札により業者を決定しており、今年度の中部センターでの契約は2社で各2案件、契約締結している。

2．委託内容の確認（労働局からの質問に対する回答）

◆図書館管理業務の委託範囲はどの程度か。具体的な業務内容を知りたい。

→書架の整理、貸出本のバーコード貼付、選書リストの作成、開館・閉館の準備などといった図書館の基本業務を委託している。

◆本の購入についてはどこで行っているか。

→学校での購入とセンターでの購入がある。

◆業務従事者（司書）の人数は決まっているか。

→人数は指定しておらず、複数人数としているが、時間帯によっては複数人数を必要とはしていない。単位制の学校については複数人数としている。

◆司書資格は全ての業務従事者に必要か。

→司書か司書補の資格が必要である。仕様書8ページに記載しているア〜エの資格条件を満たす者が従事者となる。ただし、業務責任者については必ずしも司書資格を要しない。

◆司書資格を必要とする根拠は何か。

【画像40】労働局調査の概要を報告した都側の文書。「本調査の目的」欄に「図書館管理業務委託について請負が適正に行われているか、との連絡が東京労働局に入ったことから」と書かれており、告発者の存在が浮き彫りになっている誰も知らないうちに不祥事が起きていて、誰も知らないうちに、それが解決していたことになっていた。この件に関するメディア報道ももちろん一切なく、「密かに闇に葬られたかのような」事件だったのである。だが、違法行為は改善されずに、その後も延々と続けられていたことがのちに判明する。

都教委としては、「違法行為はあったものの、当局の指導に従って改善したので特に問題はない」というスタンスなのだが、ある図書館関係者は「この一連のプロセスは茶番でしかない」と、厳しく糾弾する。

「告発した人は、労働局が動かざるを得ないくらい、決定的な違法行為の証拠をそろえて申告したと思われます。そのため、労働局は一応動いて、おざなりにでも是正指導しました。都教委も、それに合わせて是正をして、違法行為にならないよう規則を設けたり、厳しい通達を出しましたが、それによって現場は余計にやりづらくなっただけで、本質的なところは何も変わっていません」

実に不可解な経緯といえるわけだが、調べていくうちに、この事件には表に出ていない側面、すなわち契約どおりに業務が履行されていない業務委託のトンデモない実態が隠されていたことがわかった。

「ノウハウを持たない事業者への安易な業務委託」が招いた機能不全

画像41の書類は、都教委の担当部署が受託企業への指導の経緯を報告した文書の冒頭部分だ。

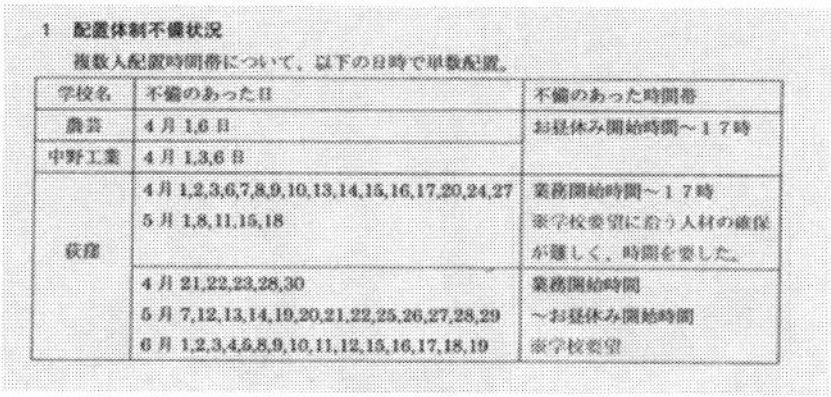

1　配置体制不備状況

複数人配置時間帯について、以下の日時で単数配置。

学校名	不備のあった日	不備のあった時間帯
農芸	4月1,6日	お昼休み開始時間～17時
中野工業	4月1,3,6日	
荻窪	4月1,2,3,6,7,8,9,10,13,14,15,16,17,20,24,27 5月1,8,11,15,18	業務開始時間～17時 ※学校要望に沿う人材の確保が難しく、時間を要した。
	4月21,22,23,28,30 5月7,12,13,14,19,20,21,22,25,26,27,28,29 6月1,2,3,4,5,8,9,10,11,12,15,16,17,18,19	業務開始時間 ～お昼休み開始時間 ※学校要望

【画像41】都教委の担当部署が受託企業への指導の経緯を報告した文書の冒頭部分

ここには、2015年4月から「サービスエース」という会社が受託している、3つの都立高校で起きた不履行について、担当部署の対応が詳しく書かれている。

農芸高校については4月に2日、中野工業高校は4月に3日、荻窪高校にいたっては、4月～6月20日頃にかけて休日を除いたほとんどすべての授業日において、不履行が起きている。

都立高校に設置された学校図書館の業務委託は、午前と夜間(定時制)は司書がひとりの「単数配置」、午後だけは司書が複数の「複数配置」が基本だが、朝・昼・夜の三部制を敷いている荻窪高校については、午前・午後ともに複数配置が義務づけられていた。それにもかかわらず、当初、単数配置しかできていない日がほぼ毎日のように続いていた。

定時制課程があり、中学時代に不登校だった生徒への配慮のため、「月曜日から金曜日まで同じ司書を配置してほしい」との高校側から強い要望があったという特別な事情を差し引いても、これだけ長期間、不履行が続いているのは異様である。

都の担当部署でも、そうした状況を早くから憂慮しており、逐一指導に努めてはいたものの、なかなか改善されず、始末書を提出させるなどしていた。2015年度は、筆者が知り得た範囲だけでも、2社において8件の不履行が起きている。

不履行を指摘された受託企業は、始末書を提出している。だが、事態は改善されず、翌2016年度にも、少なくとも3社で6件の不履行が起きていた。

画像42の書類は、偽装請負事件の翌年（2016年度）のもので、都教委が根気強く指導したにもかかわらず、司書配置については一向に改善されている様子はうかがえない。つまり、不祥事を起こした1社だけの問題ではなく、そもそも都立高校の学校図書館の運営を民間委託する仕組み自体に無理があるのではないかと考えざるを得ない。

業務の指示命令の仕方に問題があったため、公立高校の教育現場が労働局に是正指導されたというシンプルな偽装請負事件を追いかけているつもりが、それに付随した公文書によって、別の不祥事がゾロゾロと出てきた。

委託事業者は、指定された時間帯に必要な人員を配置するという、図書館運営業務を契約どおりに履行しておらず、その不履行が起きるたびに都教委の担当部署が根気よく改善指導していたにもかかわらず、不履行は一向におさまらなかった。やがて、東京都が民間企業に委託した図書館運営業務が、ほぼ破綻しかけているといってもいいような深刻な状態

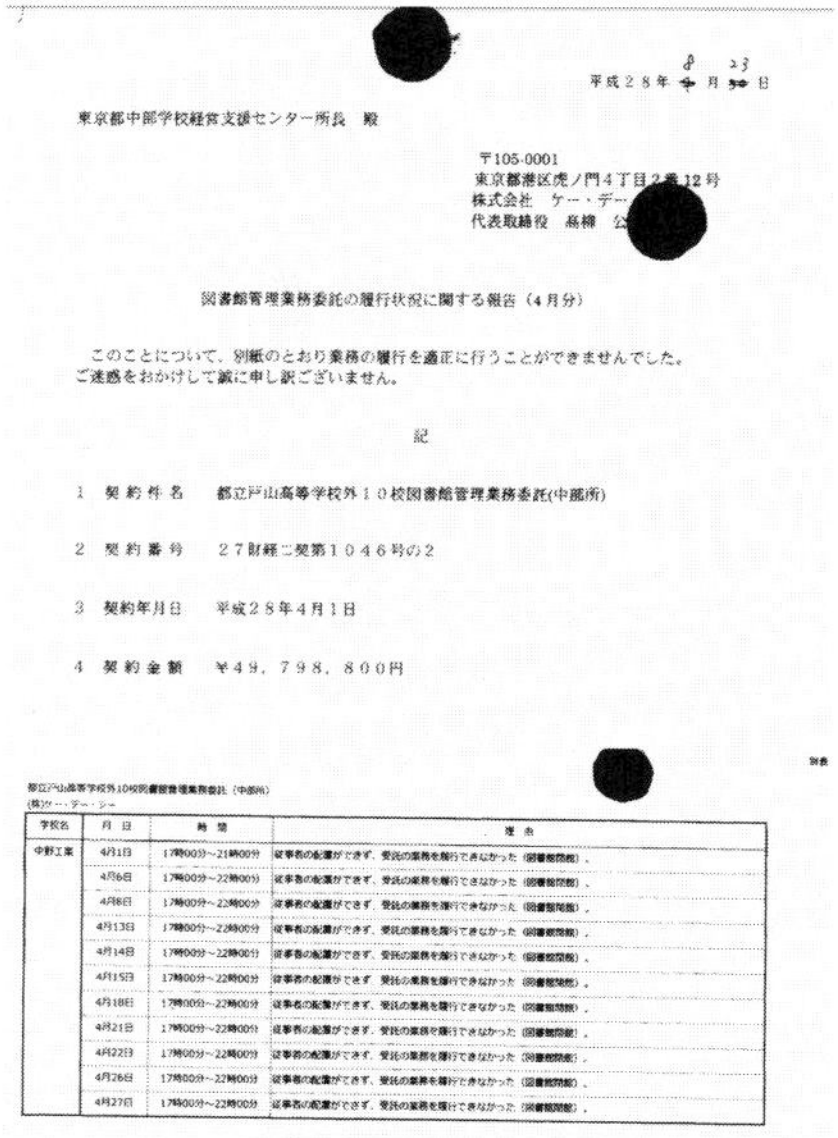

平成２８年８月２３日

東京都中部学校経営支援センター所長　殿

〒105-0001
東京都港区虎ノ門４丁目２番12号
株式会社　ケー・デー・[redacted]
代表取締役　高橋　公[redacted]

図書館管理業務委託の履行状況に関する報告（４月分）

このことについて、別紙のとおり業務の履行を適正に行うことができませんでした。
ご迷惑をおかけして誠に申し訳ございません。

記

１　契約件名　都立戸山高等学校外１０校図書館管理業務委託(中部所)

２　契約番号　２７財経二契第１０４６号の２

３　契約年月日　平成２８年４月１日

４　契約金額　￥４９，７９８，８００円

別表

都立戸山高等学校外10校図書館管理業務委託（中部所）
(株)ケー・デー・シー

学校名	月日	時間	理由
中野工業	4月1日	17時00分～21時00分	従事者の配置ができず、受託の業務を履行できなかった（図書館閉館）。
	4月6日	17時00分～22時00分	従事者の配置ができず、受託の業務を履行できなかった（図書館閉館）。
	4月8日	17時00分～22時00分	従事者の配置ができず、受託の業務を履行できなかった（図書館閉館）。
	4月13日	17時00分～22時00分	従事者の配置ができず、受託の業務を履行できなかった（図書館閉館）。
	4月14日	17時00分～22時00分	従事者の配置ができず、受託の業務を履行できなかった（図書館閉館）。
	4月15日	17時00分～22時00分	従事者の配置ができず、受託の業務を履行できなかった（図書館閉館）。
	4月18日	17時00分～22時00分	従事者の配置ができず、受託の業務を履行できなかった（図書館閉館）。
	4月21日	17時00分～22時00分	従事者の配置ができず、受託の業務を履行できなかった（図書館閉館）。
	4月22日	17時00分～22時00分	従事者の配置ができず、受託の業務を履行できなかった（図書館閉館）。
	4月26日	17時00分～22時00分	従事者の配置ができず、受託の業務を履行できなかった（図書館閉館）。
	4月27日	17時00分～22時00分	従事者の配置ができず、受託の業務を履行できなかった（図書館閉館）。

【画像42】2016年８月に東京都に出された、契約通りに司書を配置できなかった受託企業からの始末書

に陥っていることがわかったのだ。

都教委が都立高校の学校図書館の運営を民間委託したのは、2011年度から。対象校は2011年度の19校から年々増えていき、偽装請負事件が起きた2015年度には、全体の半数近い80校が委託校となった。専門業者にまるごと委託することで、都立高校は生徒の読書支援をより効率的に推進できるようになるとされていたのだ。

ところが、現実はまるで違っていた。まず、突然発覚したのが前出の偽装請負。そして、偽装請負が起きる背景にあったのが「ノウハウを持たない事業者への安易な業務委託」だった。結果、契約どおりに図書館を開館できない「不履行」が続出していたのである。

偽装請負が発覚した2015年当時、都の指名を受けて入札に参加する事業者の顔触れは、ビル管理業や清掃業、人材派遣業、害虫駆除業などが本業で、図書館はおろか教育分野にも関係しない異業種がほとんど。そのため、司書スタッフを常時抱えているわけではなく、3月上旬に落札してから新学期が始まる4月1日までに、司書資格を持った経験者を急募する〝泥縄方式〟となる。当然、そんな短期間で必要人員をそろえられるはずがない。

採用難に拍車をかけていたのが劣悪な募集条件だ。賃金は、司書資格と実務経験が必須なのにもかかわらず、ほぼ最低賃金水準。シフト制で週30時間未満勤務となると、社会保険もなし。そのうえ1年契約で「更新は原則なし」とくれば、必要な人員を集めるのがいかに困難かは、想像に難くない。

結果、4月1日の初日から要求どおりの人員を現場に配置できない契約不履行状態を受託業者が連発。都教委の担当部署は毎年、その指導におおわらわで、そのたびに事業者は始末書提出という事態が、委託開始当初から何年も続いてきた。そこで都は2017年以降、学校図書館を開館することができた日数分だけ委託費を払う「単価契約」方式に変え、契約も2016年度から一部複数年契約を導入するなどの対策を講じてきたといわれている。

民間委託の陰で進んでいたファミリー企業による寡占化

画像43の書類をみてほしい。2015〜2016年にかけて不履行を起こした事業者に、東京都が委託費を減額処理したことがわかる書面を開示請求して出てきた154枚の文書のなかの1枚である。

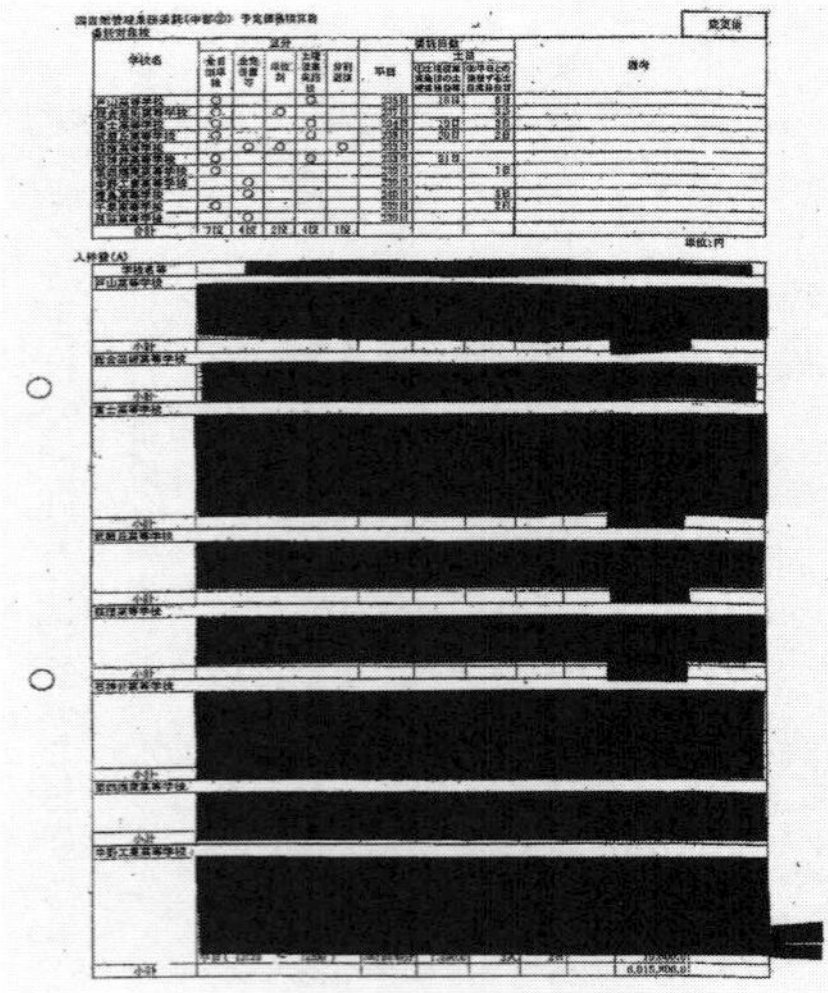

【画像43】文末にある「小計」だけ黒塗りされておらず、「6,015,800」という数字が読み取れる。文書のタイトルが「予定価格積算書」となっていることから、都が予定価格を算定するときに積算した1校分の人件費だと推測できる

ほかの高校については、すべて黒塗りされていたのに、2016年度における中野工業高校の文書だけは、文末にある「小計」の数字「6,015,800」が読み取れるようになっていた。文書のタイトルが「～予定価格積算書」となっていることから、都が予定価格を算定するときに積算した同校1校分の人件費だと推測できる。

この数字を手がかりにして、都立高校の学校図書館の業務委託を詳しくみていくと、事業者にとっては、かなり有利な条件になっていたことがわかった。

まず、全日制に定時制を併設した同校の場合、1日あたりの配置時間数ののべ18時間に、年間稼働日数239日をかけた総時間数は4302時間。これに当時、この事業者が求人に掲載していた時給910円を入れて計算してみると、この事業者が中野工業高校1校で負担している推定・年間人件費総額は391万円程度であることが判明。

一方、実際にこの事業者が都から受け取っている委託費(=落札価格)はというと、11校まとめて4611万円(税抜)で東京都と契約しており、高校別の委託費は公開されていない。そこで、11校全体の総時間数に占める中野工業高校の時間数の割合を算出したところ、約10%であることが判明。

それから逆算すれば、中野工業高校1校あたりの委託費は、461万円であると推定できる。派遣会社で公表が義務づけられているマージン率(派遣料金-労働者の賃金/派遣料金×100)に換算すると15%程度だ。平均的な派遣会社のマージン率20~30%程度(社会保険料含む)からすると、低いように思えるが、当時の都立高校の学校図書館の勤務者は社会保険加入義務のない短時間勤務(1校3人勤務の場合、2人が社保なし)が多いことを考慮すれば、正規の派遣と同水準であるといってもいいだろう。

ここで、東京都が試算していた同校1校あたりに換算した推定予定価格が約601万円だったことを思い出してほしい。1校あたりの落札価格が461万円だったことからすれば、落札率(落札価格/予定価格)は約76%とかなり低い。ダンピングといってもいいような価格で落札しても、派遣会社並みの利益を確保できるのだから、受託した事業者にとっては、決して損のない事業であり、対象校が年々拡大しているなかで、一定のシェアを確保できれば、将来大きな収益源になる分野と期待していたのではないか。

一方、労働者からみれば、この事業は労働者派遣事業ではなく、あくまで請負業となっているため、派遣よりも賃金はかなり低い。

2016年当時における正規の労働者派遣事業者による都内の平均的な時給をみると、専門性を必要としない一般事務でも1300円以上、専門性を要求されるものでは1600円以上もめずらしくない。そのことからすれば、資格と経験を必要とする学校図書館司書が時給910円と当時のほぼ最低賃金なのは、かなり異様な世界といわざるを得ない。

そもそも東京都が設定している予定価格で想定した人件費の水準からして異様に低く、都立高校の学校図書館の民間委託は、労働者を徹底的に安く買い叩くことで、初めて成立する仕組みであるといえる。

「都教委は、いずれ、この3社に都立高校の学校図書館をすべて任せる方針なんだと思う。しかも、この3社って、実態は、すべてひとつのファミリー企業なんです」

都立高校の取材を始めたばかりの2019年6月、ある図書館関係者から聞いたこの話の衝撃は、いまも鮮明に蘇ってくる。公立校の学校図書館を民間企業に委託しているというだけでも、事情を知らない部外者にとっては、結構な驚きなのに、その運営業務が、ある特定の3社によってほぼ寡占状態になりつつあり、さらにその3社の実態は、ファミリー企業、つまり1社の独占であるというのだから、これはただごとではない。

都立高校図書館業務委託　　受託会社変遷一覧

東部1	2020	2019	2018	2017	2016	2015	2014	2013
日比谷								
一橋	エースシステム	エースシステム	エースシステム	エースシステム	エースシステム	サービスエース	エースシステム	マンパワー
六本木	エースシステム	エースシステム	エースシステム	エースシステム	エースシステム	サービスエース	エースシステム	マンパワー
新宿山吹	エースシステム	エースシステム	エースシステム	エースシステム	エースシステム	サービスエース	エースシステム	マンパワー
青山	ナカバヤシ							
広尾								
小石川中等								
竹早								
向丘	エースシステム	エースシステム	エースシステム	エースシステム	エースシステム			
工芸								

都立高校図書館業務委託　　受託会社変遷一覧

中部1	2020	2019	2018	2017	2016	2015	2014	2013
小山台	リブネット	秀光	秀光	秀光				
大崎	リブネット	秀光	秀光	秀光	秀光	サービスエース	サービスエース	マンパワー
雪谷	エースシステム	エースシステム						
田園調布	リブネット	秀光	秀光	秀光	秀光	サービスエース	サービスエース	マンパワー
新宿								
駒場								
桜修館中等								
目黒	秀光	秀光	秀光	秀光	秀光	サービスエース	サービスエース	マンパワー
総合芸術	秀光	秀光	秀光	秀光	ケー・デー・シー			
国際								

都立高校図書館業務委託　　受託会社変遷一覧

西部1	2020	2019	2018	2017	2016	2015	2014	2013
南多摩中等								
富士森	光管財	光管財	光管財	光管財	バックスグループ	光管財	光管財	クリー
八王子桑志	光管財	光管財	光管財	光管財	バックスグループ	光管財	光管財	
八王子拓真	光管財	光管財	光管財	光管財	バックスグループ	光管財	光管財	クリー
片倉	光管財	光管財	光管財	光管財	光管財	光管財	光管財	光管財
八王子東								
八王子北	光管財	光管財	光管財	光管財	バックスグループ			
松が谷	光管財	光管財	光管財	光管財	光管財	光管財	光管財	光管財
翔陽	光管財	光管財	光管財	光管財	バックスグループ	光管財	光管財	クリー
日野	光管財	光管財	光管財	光管財	光管財			

【画像44】都立高校の学校図書館運営を受託した企業の一覧（2013年度～2020年度）の一部抜粋。地域別になっており、上から「東部1」「中部1」「西部1」（ooura氏作成）

画像44をみてほしい。都立高

校の学校図書館運営を受託した企業の一覧（2013年度〜2020年度）を抜粋したものだ。地域別になっていて、東部学校経営支援センターの管轄では、2017年頃から「エースシステム」という企業が急速にシェアを伸ばしてきている。

一部、フエルアルバムで有名な事務用品メーカーの「ナカバヤシ」が食い込んでいるものの、6割超を、この「エースシステム」が受託していた。

中部学校経営支援センターの管轄になると、今度は、秀光という会社が台頭してきており、こちらも東部同様、委託校の約6割を受託していた。

しかし、いちばん驚くのが東京都下を担当する西部学校経営支援センターのエリアだ。2017年頃から、すべての委託校を「光管財」という会社1社で担当。文字どおり、1社による地域独占である。

異業種からの参入が相次ぐ中、著しく進んだダンピング合戦

2011年度からスタートした都立高校の学校図書館の委託事業は、毎年、専任の正規司書の欠員が出た高校から順次10校前後ずつ、新規の委託校の対象とされ入札にかけられた。2020年度末には128校（全体で185校〈都立中等教育学校5校は除く〉）の学校図

書館が委託校になっていて、このままいけば、あと数年で185校あるすべての都立高校の学校図書館の運営は、謎の3社による寡占状態になるのではとみられていた。

3社とは、東京都足立区に本社を置く「光管財」と「エーシステム」、そしてもう1社は東京都葛飾区に本社を置く「秀光」のこと（以下、〝光エス3社〟と呼ぶ）である。

いずれも、施設警備とビル管理を本業とする地場の中小企業だが、その受託先のほとんどが役所、つまり公務。この3社について、東京都へ情報開示請求をしたところ、過去数年においては、都立高校の学校図書館を次々と受託することで大きく売上を伸ばしてきている実態がわかってきた。

都立高校の学校図書館運営業務においては、2016年度以降、それまでの単年度契約から複数年度契約へ徐々に移行したことによって、これら3社はともに売上が激増。また、都立校1校あたりの委託費も、2020年度には、2016年度に比べて2倍超にはねあがっていたことも売上大幅増につながった。

光エス3社に限らず、都立高校の学校図書館の受託企業の大半は、図書館業務はまったくの専門外。自社で専任の司書を抱えているわけではない。先述したように、受託してから人を募集する泥縄方式だった。

光エス3社は、いずれも警備やビル管理など、建物の管理運営という業務の延長線上で、学校図書館の運営も手がけるようになり、東京・西部では、中核企業である光管財1社で、ほぼ地域独占といっていいほどの寡占が進んでいたのだ。

どのくらいのシェアを握っているのか。2020年度のデータをみてみると、以下のようになった。

・東部センター管轄61校のうち委託校は43校。そのうちエースシステムは28校受託（シェア65%）
・中部センター管轄63校のうち委託校は42校。そのうち秀光は27校受託（シェア64%）、エースシステムも1校受託
・西部センター管轄61校のうち委託校は43校。そのうち43校すべてを光管財が受託（シェア100%）

その結果、光エス3社は、都立高校の学校図書館の運営業務だけでも、2020年度には6億1360万円と、2016年の2億4520万円の3倍近くまで伸ばしていた。ほ

かの分野も含めた東京都からの受託総額は、3社合計で約16億円にものぼる。

２０２０年度末の段階で、都立高校１８５校中委託校は１２８校。そのうち光エス３社で98校を受託しており、シェア77％だった。

もしこのまま、都立高校１８５校すべての学校図書館が民間委託になり、光エス３社による寡占が実現していたとしたら、15億円以上の市場を、ほぼ３社で山分けできただろう。

入札で委託事業者が決まる特定分野の公務で、ひとつの企業グループがその業務を独占して受託するというのは、前代未聞のことである。果たして、３社がグループ企業というのは事実なのか、また事実だとしたら、いったいどうやってここまで東京都の委託事業に深く入り込むことができたのか。

その謎を解き明かすべく、取材を続けていったところ、関係者がこう証言してくれた。

「光管財が親会社で、エースシステムと秀光は、その子会社です。実質、光管財の社長がグループの事業を統括していて、実権を握っています。子会社2社の経営者は、姻戚関係だと聞いてますが、本当のところはわかりません。図書館の現場で働いている社員はもちろん、業務責任者ですら会社にはほとんど出社しません。３社ともに、西新宿にある光管財の支店に報告をあげるみたいです」

法人の登記簿謄本からも、3社がグループ企業であることは確認できた。まず、光エス3社の司令塔ともいうべき光管財は、1981年設立で、資本金は5000万円。社長の田中光氏は、帝国データバンクの調査によれば、1971年生まれ。官公庁、地方公共団体を得意先としており年商は47億円と、2015年度の29億円から急成長を遂げている。同社には、もうひとり代表権を持つ取締役の田中祐治氏がいて、この祐治氏が同社の創業者（会長）のようだ。その祐治氏の住所と、エースシステムの代表取締役を務めている女性の住所が一致したり、光管財の支店と秀光の本社の住所が一致したり、エースシステムの支店の住所が秀光の代表取締役の住所と一致したりするほか、役員も重複していたりと、3社は相互に密接な関係にあった。

では、いったいどうやって足立区地場のビル管理会社が、ここまで公務を数多く受託できたのだろうか。

その謎を解く鍵は、電子入札にあった。都立高校の学校図書館の民間委託がスタートした2011年度の入札状況（画像45）をみていくと、東部センター管轄の5校を受託した

年度	グループ・校数	落札企業	落札金額	入札企業	入札金額
	西部1年・7	クリーン工房	42,504,000	クリーン工房	40,480,000
				大新東ヒューマンサービス	46,920,000
				光管財	48,756,000
				日本コンベンションサービス	辞退
2011	東部1年・5	ケー・デー・シー	25,200,000	ケー・デー・シー	24,000,000
				クリーン工房	26,656,824
				光管財	26,707,000
				ナカバヤシ	41,100,000
	中部1年・5	日本コンベンションサー	34,799,940	日本コンベンションサービス	33,142,800
				日建総業	37,900,000
				オーディーエー	44,250,000
				図書館流通センター	53,000,000
				アーバン環境管理事業	57,370,000
	西部1年・8	ケー・デー・シー	43,995,000	ケー・デー・シー	41,900,000
				日本コンベンションサービス	46,488,000
				ナカバヤシ	61,400,000
				図書館流通センター	76,700,000

【画像45】都立高校の学校図書館の民間委託がスタートした2011年度の入札状況（ooura氏作成）

ケー・デー・シーの入札価格は、２４００万円（１校あたり４８０万円）。４１１０万円と最も高い価格を入れたナカバヤシの半額近い価格で落札している。最大手で専門企業のＴＲＣ（図書館流通センター）は、西部センターで落札者の2倍近い価格を入れており、翌年度からは入札に参加していない。これらのことから、ダンピングに近い熾烈《しれつ》な価格競争に異業種からの参入組が相次いでいた様子が読み取れる。

光エス3社の親会社である光管財も、2年目の２０１２年度までは、惜しくも落札は逃しているものの、西部を舞台にして落札者とほぼ同じ水準の値をつけている。3年目の２０１３年に同社が初めて西部6校を落札したのを皮切りに翌年以降、少しずつ広げていき、２０１６年以降は、東部にエースシステム、中部に秀光と管轄エリアを分担する形で、手広く展開していく体制を整えていく様子がみてとれる。

この間、あまりの安さに競合他社が「これでは、とても儲からない」と次々撤退していくなかで、光エス3社だけはしぶとく残っていき、撤退した社で勤めていた経験豊富なスタッフを〝居抜き〟で採用するなどして、2017年以降は、入札価格に技術点も加味した総合評価方式でも高評価を得るようになっていた。

委託開始当初から都教委の募集スタイルは、あきらかにおかしかったと、ある自治体の元契約担当はこう指摘する。

「この手の公募では、ふつう同種施設の運営経験が何年以上あるとか、業務を遂行できるだけの専門人材をバックヤードに抱えているなどの条件を最初につけるものですが、都立高校の学校図書館の場合は、そういうのは何もなくて、ISO27001〈情報セキュリティマネジメントシステム〈ISMS〉に関する国際規格〉とプライバシーマーク〈個人情報の適切な取り扱いに関する基準に適合した事業者に付与されるマーク〉の取得という2つだけでした。それが委託スタート当初だけでなく、ずっと続いていました」

東京都が実施する委託者の公募は、いわゆる「希望制指名競争入札」という方式を採用している。事業者が自由に参加表明はでき、それを都が審査をして入札資格を満たしているとなったら、都が指名をして後日入札に参加できるというもの。要するに、東京都の入札資格さえクリアしていれば、どの分野の事業者でも、比較的容易に参加可能なのが実態である。

入札資格のハードルが低いのであれば、あとは入札価格次第だ。事情通がこう解説してくれる。

「このグループは異様に安い価格で入札、つまり、ダンピングするんですね。これ、紙を入れるわけではなく電子入札なので、社長か参謀がひとりで、東京都中の入札案件を研究して、これなら取れるという価格を入れれば、それだけで仕事はどんどん増えていきます。1社でやったらたいしたことなくても、次々と関連会社をつくっては、グループ企業で手分けして入札するようになると、都内全域にどんどん仕事を広げていけます。東京都は、どことどこが関連会社かなんてことは一切審査しません。そんなに仕事取ってきても、スタッフが集まらないと受託できないと思われるかもしれませんが、いいんですよ。落札してから募集すれば。もし配置できなくても、始末書1枚書けばいいだけ。大きなペナルティはありません。採用できてから派遣すればいいんです。なので、現場では、日常的に不履行が起きてました」

2000年代初頭以降「民間でできることは民間に」を合言葉に、ありとあらゆる公務が民間委託されていく奔流のなかで、ついに最後の聖域ともいえる教育現場にも、その波が押し寄せていたのが都立高校の学校図書館の民間委託だった。そんな時代の波にうまく乗った地場の中小企業が光エス3社だったというわけである。

なお、光エス3社などの異業種からの参入企業には図書館運営のノウハウがないに等しいと指摘したが、だからといって、それらの企業に採用されて働くスタッフの質が低かったわけではない。前の受託企業のスタッフをそのまま継続雇用する光エス3社などでは、経験豊富なスタッフが運営を担っており、都教委から高い評価を得ていた委託校もあったことは事実である。

都議会議員の調査によってあきらかになった、継続して起きていた違法状態

筆者は、ビジネスジャーナルに都立高校の学校図書館に関する記事を、2019年9月から2020年3月までの半年間に7本寄稿した。どの記事も、地味なテーマにもかかわらず、ページビューは、ほとんどの記事でビジネスジャーナル総合部門で1位を獲得した。しかし、週刊誌のスキャンダルのように、マスメディアが後追いしてくることはまったく

なかった。いわゆる「ひとり旅」と呼ばれる状態である。

いくらSNSで話題になったとしても、マスメディアに取り上げられなければ、行政への批判は盛り上がらない。誰も責任を追及されることもなく終わるのかと落胆していたところに、突然、思わぬところから〝援軍〟が現われた。

2020年9月30日の第3回都議会定例会で、米川大二郎都議（当時、都民ファーストの会所属）が、2015年の都立高校の偽装請負事件を取り上げた一般質問を行っていた。

米川都議の議会質問は、都立高校の学校図書館の偽装請負事件・第1弾の記事が出た2週間後のことだったが、その内容は、かなり前から周到に準備されていたことをあとで知ることになる。それもそのはず。元都庁職員の米川都議は、葛飾区議の頃から教育問題、とりわけ学校図書館問題に熱心に取り組んできた議員のひとり。単に、2015年に起きた偽装請負事件を蒸し返しただけではなく、依然として現場では違法状態が続いているのではないかと新事実を指摘したうえで、こう宣言したのだった。

「平成27年のときのように、再び東京労働局の発注者指導が行われ、是正指導が行われることがあれば、業務の予算化は認められない」

よりによって、都議会与党の議員から、違法行為を指摘されて、このままでは予算案に賛成できないとまで明言されたのだから、都教委は、さぞや慌てふためいたことだろう。米川都議の質問を受けて、教育長は、今後の学校図書館のありかたを検討していく必要があると、曖昧な回答でお茶を濁しただけだったが、このあと、都教委は、委託見直しに向けて迷走することになる。

米川都議によれば、2015年に偽装請負で都立高校が是正指導を受けたあと、都教委が仕様書の記述を変えていたことに気づいたのが、詳しく調べるきっかけになったという。従来は、受託企業の本社にいる業務責任者が窓口になって学校側の要望を聞き、業務従事者を指導監督していた。ところが、2019年度の仕様書をみると、監督指導するはずの業務責任者が、現場での従事者も兼ねていた。建設現場でいえば、作業員が現場監督を兼務するようなもの。

発注者が現場の作業員に直接、指示命令すると偽装請負になってしまうが、作業員を〝名ばかり現場監督〟にしてしまえば、発注者はいつでも指示命令を出せるようになる、という理屈だ。もちろん実務的に作業員を管理するのは、別にいる本物の現場監督である。

都教委も、業務責任者とは別に「受託者」という受託企業の社員を選定し、そちらが委託者である学校と直接やりとりをして、実質的な業務責任者の役割を果たす2段階方式を採用していたのだ。高校側が委託スタッフに直接指示命令を出しても「業務責任者だから合法」と、都教委はいいたいのだろうが、これは、あきらかに脱法的な手法だといえる。

そこで米川都議は、労働局に出向いて、こういう仕様書の内容は違法ではないのかと聞いたところ「従事者を兼務していても、業務責任者がその責務を果たしていれば、それ自体は違法とはいえない」との見解を示されたという。ただし、「現場に従事者がひとりしかいないときに、その人が業務責任者を兼務している場合には、発注者から従事者へ直接、指示・命令をしているとみなされて、偽装請負にあたる」との見解が得られたのだった。

労働局の見解を受けて、米川都議は、都教委を通さず、すべての委託校へ直接ファックスして回答を求める実態調査を実施した。各校に対して、誰がどういう体制で勤務しているか。とりわけ、ひとり勤務のときに、その人が業務責任者を兼ねているのかどうかが焦点だった。これにより、朝から夕方、昼から夜までという時間帯を調査した結果、何校かは、ひとり勤務の状態で従事者が業務責任者を兼務しているという違法な実態が見事に浮き彫りにされたのだった。

この動かぬ証拠を事前に担当課につきつけたうえで、議会では「依然として違法行為が行われているのではないか?」というスタンスで議会質問に臨んだという。

違法行為への対応を余儀なくされた都教委は、当初、専任の学校司書が欠員となった10校についてのみ委託導入を中止して、会計年度任用の直接雇用の学校司書を配置するという方針を示した。すでに委託されている高校については、これまでどおり指名競争入札で委託事業を継続する意思を示していたという。直接雇用を一部で取り入れることでなんとかやりすごそうとしたわけだ。

2020年9月時点で185校中128校と、ほぼ3分の2が委託されていて、残り3分の1も順次委託に出され、あと数年で民間委託化は完了するところまでこぎつけていた。それをいまさら逆回転するなど、都教委としては、到底受け入れられなかったのだろう。

だが、委託全廃を求めていた米川都議が、そんな中途半端な対応で納得するはずはない。水面下の交渉が続けられていたものの、妥結の見通しはまったく立たないまま、2021年の年明けを迎えようとしていた。

民間委託を廃止に追い込んだ、5000枚にもおよぶ開示請求

突然情勢が変わったのは、2020年12月の第4回定例会から、米川都議が都市整備委員会の委員長に任命されたことだった。委員長になれば、予算特別委員会に100%出席できる。その場で、都教委が提出した予算案に反対を表明することもできる。その立場を追い風にした米川都議は、1月半ば、所属する都議会与党の都民ファーストの会を通じて、①司書教諭の授業負担軽減、②偽装請負の温床になりかねない民間委託の全廃、③正規司書の定期採用の復活――などを柱にした都立高校の学校図書館についての提言を都教委に提出したのである。

もし譲歩を引き出せなかったら、都議会与党の議員でありながら、除名覚悟で予算案に反対すると公言していたのだから、さぞや担当課は頭を抱えたに違いない。拒否できる余地は、すでになく、そこでほぼ勝負はついていたといえる。

3月末、都教委は、米川都議の提案を全面的に取り入れて、都立高校の学校図書館の民間委託は今年度末に満期を迎えるものから廃止し、順次、直接雇用に切り替えていく方針を内示したのだという。この瞬間、すでに128校を受託していた民間事業者は、現在の

契約を最後に、都立高校の学校図書館の業務をすべて失うことが決まった。かくして、謎の3社による都立高校の学校図書館業務の独占も、危機一髪のところで回避されたのである。

米川都議と都教委との交渉の裏側では、実はもうひとつのストーリーも同時進行で展開していた。年明けの1月上旬に、東京労働局が都立高校の学校図書館の委託事業者へ、偽装請負の疑いで調査に入っていたことが判明した。関係各所に激震が走ったのは、これが2015年に続いて2度目の調査であり、もし再度違法認定ともなれば、再発防止に務めてきた都教委のメンツは丸つぶれだからだ。

結果は、かろうじてシロ。関係者によれば、事前に労働局から訪問日時を伝えられていた受託企業が都教委と綿密にすり合わせを行ってヒアリングに臨んだ結果、2月中頃に東京労働局から受託企業へ直接、「違法行為はなかった」との連絡があったという。

奇しくもそれと同じ時期に、東京都の定期監査が学校図書館の民間委託をしている都立高校に入っていて、翌2月には、令和元年分として、仕様書どおり従事者を配置していない契約不履行が報告されていた。

いずれも偶然その時期に重なったというだけのことだったが、都立高校の学校図書館の民間委託をなんとか維持しようとしていた都教委にとっては、「委託廃止」を決断せざるを得ない最後のトドメとなっただろうことは想像に難くない。

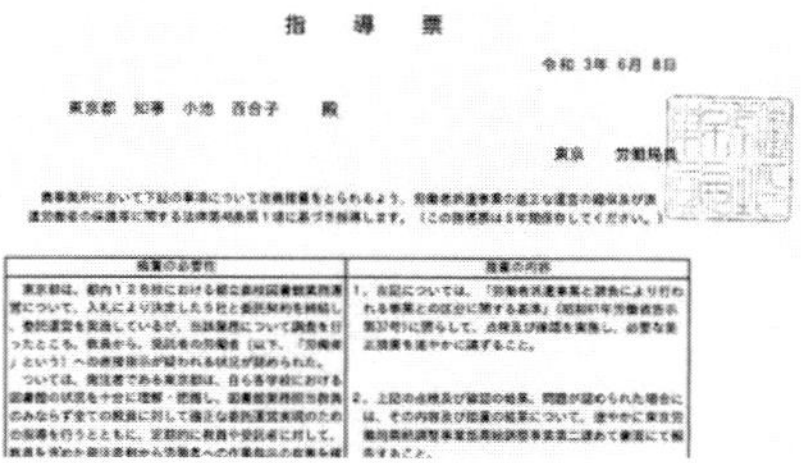
指導票

令和 3年 6月 8日

東京都 知事 小池 百合子 殿

東京 労働局長

【画像46】2021年6月に東京労働局から小池都知事宛に出された指導票。「当該業務について調査を行ったところ、教員から、受託者の労働者への直接指示が疑われる状況が認められた」として、公務における不適切な行為の存在が示唆されていた

さらに、委託廃止決定後の6月には、一部違法状態が疑われる行為があったとして、2015年に続いて2度目の行政指導が労働局より小池都知事宛で東京都に対して行われたこと（画像46）も付記しておく。自治体の教育現場がここまで徹底的に違法状態を追及されるケースは、おそらく前代未聞のことだっただろう。

「東京の図書館をもっとよくする会」の池沢事務局長へ開示した一枚の是正指導書が発端となって隠蔽されていた違法行為があきらかになり、その事件の詳細を筆者が追いかけて記事にし、最後は米川都議が議会での質問を突破口にして、委託廃止まで追い込んだストーリーは、改めて公文書の潜在的な威力をみせつけてくれる。

池沢氏の開示請求がなかったら、都立高校の学校図書館の偽装請負事件は、闇に葬られていた可能性が高い。米川都議も、議会で質問をするまでには、都立高校の学校図書館の委託事業について、契約書や仕様書、運営実態などを記録した文書を徹底的に開示請求したという。枚数にしてざっと5000枚。そのなかに隠されていた違法実態の証拠を見つけ出すことで、到底不可能と思われていた委託廃止が実現したことは特筆に値するだろう。

黒塗りのない公文書は、徒手空拳の市民にとって、官民癒着の不正をただすための強力な武器になりうることを、まさにあきらかにした事件だったといえる。

おわりに　「時給180円事件」から始まった図書館事件の沼

筆者が初めて図書館についての記事を書いたのは、2015年10月のことだった。それは、ツタヤ図書館問題ではなく、東京・足立区立図書館で起きた〝時給180円事件〟と呼んでいる事件についてである。

2011年夏、足立区立図書館を指定管理者として運営していた民間企業M社（本業は金属加工）は、図書館蔵書2万冊に盗難防止BDSテープを装着する業務をパート従業員の時間外労働によって実施した。その際、割高となる時間外手当を支払うことを避けるため、パート従業員がアフター5や休日に内職として取り組んだかのように偽装して、完全出来高払いの給与（1枚7円）を支払った（1日の仕事を終え、タイムカードを押してから図書館内で作業開始）。

その結果、作業開始当初、この作業にあたったパート従業員の賃金は、時給にすると1

80円にも満たない額となった。当時、パート従業員を監督する立場にあったN副館長は「このような行為は、不正な脱法にあたるのではないか」と、再三、館長および地域学習センター長に中止するよう進言したが、それは、まったく受け入れられなかった。それどころか、正しいことを主張したはずの彼女は会社から「トラブルを起こす人間」とみなされ、翌年3月末で契約更新を拒絶され、実質解雇された。

このN副館長というのが、実は、筆者の妻だった。彼女は、2012年3月以降、不当に契約更新を拒絶されたとして、M社に雇用継続を求めて、非正規労働者の労働組合を通じて団体交渉を重ねていた。しかし、交渉が決裂したことから、2013年8月、東京地裁にM社を提訴した。

そして、2年後の2015年3月に地裁判決、8月には高裁判決で、ともに全面勝利を勝ち取ることになるのだが、その顚末《てんまつ》を身近でみてきた者として、ことの詳細を記録に残しておこうと、事件が一段落して、ある程度、客観的にみられるようになってから記事にしたのである。

身内が関与した事件を手前勝手な論理で書き散らかせば、〝私憤を晴らしただけ〟との批判を免れないことは十分に承知していた。だからこそ、事件のただなかでは、一切書かないことにしていた。すべてが終わって、誰も異論を差し挟むことのない「事実」と「結果」を書けるようになってから、また、その渦中にいた者しかわからない、世の中の理不尽な仕組みに対する、憤りや怒りもあえて交えながら「事件の深層」を何本かの記事にした。

いま振り返ってみても、壮絶な戦いだったと思う。「1年ごとの有期雇用のため、契約更新しないのはなんの問題もない、館内で起きた内職事件と職員の更新拒否は無関係」と会社側は嘯《うそぶ》き、頼みの綱だった労働基準監督署も、最低賃金法違反は被害者からの直接の申告がないと摘発できないと逃げる。発注側の足立区への公益通報窓口にいたっては、「われわれは調査するだけで、指定管理者を指導する権限はない。あなた（N副館長）は、自分の権利を守りたかったら裁判を起こしなさい」と突き放す。救いの手をさしのべてくれたのは、地域労組と、そこに所属する図書館関係者だった。

ほとんど勝ち目のない戦いのなかで、筆者としてはあまたの違法行為を犯した事業者に公務を継続させることだけは、なにがなんでも阻止したかった。そのためには、民間委託された図書館内で何が起きていたのか、指定管理者は何をして、何をしなかったのか、役所は公益通報をどのように受けとめてどう対処したのかという、「事実」をあきらかにすることに全精力を注いだ。

労組の団体交渉に出席して、経営者に直接、更新拒絶の理由を問い質したり、指定管理者の選定については、応募を検討している事業者のフリをして役所の事業者向け説明会に潜入したり、労組の幹部と一緒に足立区の担当課長に申し入れをしたり、理不尽な仕打ちを受けて沈黙させられている公務労働者の一支援者として動いてきた。

その結果、運よく、違法行為を犯した企業を公務の現場から完全に退場させるという所期の目的を達成することができた。と同時に、一度しか更新実績のない有期雇用の労働者の更新期待権は認められにくいため、最初から、ほとんど勝ち目がないと思われていた裁判についても、弁護団の先生方の鉄壁の法理論によって、まさかの全面勝利という結果が得られたのは、望外の喜びだった。

2年間続いた裁判の期日には、毎回傍聴席をほぼ埋めるほど、地域労組の支援者の方や図書館関係者の方たちが駆けつけてくださったことも、裁判長への多大なるプレッシャーになったのだといまも信じている。

この体験を通じて筆者が学んだのは、声を上げれば必ず誰かが共感してくれて、それを繰り返しているうちに確実に何かが変わるということである。

ちょうどその頃、CCC（カルチュア・コンビニエンス・クラブ）が運営する武雄市図書館・歴史資料館において、同社系列の古書店から極端に市場価値の低い古本を大量に受け入れていたことが発覚して、ツタヤ図書館についての議論がSNS上でヒートアップしていた。ツタヤ図書館問題も、筆者が足立区立図書館でみてきたケースと同じく、企業の野放図な利益追及を許す指定管理者制度の問題をクローズアップしているように感じた。

どちらのケースも図書館運営に「民間のノウハウ」を取り入れたと賞賛されていたが、その内実は、文字どおり「ど素人」にすぎなかった。時給180円でスタッフに「内職」させた足立区地場の金属加工業者M社と同じく、大手レンタル・書店に、図書館運営のノウハウなどあるはずもなく、つくられたのは高層書架に空箱のダミー本を飾って演出したブックカフェに客を集める商業施設である。それを「賑《にぎ》わい創出」と称してありがたがる自治体の事業者選定プロセスは、公正公平とはほど遠いものだった。

ツタヤ図書館は、それまで日本全国で急速に進められてきた民間委託というものの実態が、単に特定企業に利益供与をするための利権構造にすぎないことをはからずも露呈したといえる。図書館という、民間企業がまったく手がけてこなかった特殊な施設だからこそ、その運営を通してみれば、それまではあたり前のように「ある」と思われていた公務における「民間のノウハウ」がまるで空虚なものであったことを、クッキリと浮かび上がらせることができたといえるだろう。

そこからCCCの図書館運営に関する問題にも首を突っ込んだのが、〝泥沼〟にはまるきっかけ。その後10年近くにわたって、CCCを指定管理者に選定する自治体の決定プロセスについて追いかけることになった。その延長線上にあった都立高校の学校図書館における偽装請負事件は、まさに「民間のノウハウ」がウソ八百で固められたものであったことを、これ以上ないくらい強烈に知らしめてくれた。

公共施設の民間委託において、ありもしない「民間のノウハウ」を信奉した官民癒着の実態を、最も的確に表しているのが、本書で取り上げた「黒塗りの公文書」ではないかと思う。足立区で起きた「時給180円事件」よりも複雑怪奇な和歌山市のツタヤ図書館誘致騒動を中心にして、いま行政の隅々で起きている、自分たちに都合の悪い記録をことごとく消し去ろうとするモラルハザードの実態について、本書は多方面から取り上げた。また、その黒塗りをどうすれば外させることができるのかについても、乏しい実体験ではあるが、足りない部分は有識者の知見もあわせてご紹介してきたつもりである。

2015年のツタヤ図書館騒動から、まもなく10年がたとうとしている。もはやどこのメディアもこの問題を取り上げることはない。いつも思うのは、筆者が書くのをやめたその瞬間から、ツタヤ図書館問題は「過去の事件」として忘れ去られるだろうということ。しかし、CCCが全国の自治体で繰り広げてきたような官民癒着は改まるどころか、日に日に勢いを増していて、ひどくなる一方である。その動きは、決して飽きることなく、どこまでもしつこく記録しておかねばならないことを痛感する今日この頃である。

なお、本書の刊行にあたって、ひとかたならぬご尽力をいただいた関係者の皆様には、この場を借りて深く御礼申し上げたい。

2024年8月

日向咲嗣

日向咲嗣　ひゅうが・さくじ
1959年、愛媛県生まれ。大学卒業後、新聞社、編集プロダクションを経て、フリーランスに。雇用保険や年金制度など、主に社会保険分野のビジネス書籍で執筆活動を展開。2018年には、長年取り組んできた失業関連の著作が評価されて、貧困ジャーナリズム賞を受賞。2015年頃からはニュースサイト「ビジネスジャーナル」「週プレNEWS」などでツタヤ図書館問題の連載を開始。数々の地方自治体に情報開示請求を行い、公文書の闇に迫る活動を続けている。

朝日新書
973
「黒塗《くろぬ》り公文書《こうぶんしょ》」の闇《やみ》を暴《あば》く

2024年10月30日第1刷発行

著　者　日向咲嗣

発行者　宇都宮健太朗
カバーデザイン　アンスガー・フォルマー　田嶋佳子
印刷所　TOPPANクロレ株式会社
発行所　朝日新聞出版
〒104-8011　東京都中央区築地5-3-2
電話　03-5541-8832（編集）
　　　03-5540-7793（販売）

Published in Japan by Asahi Shimbun Publications Inc.
ISBN 978-4-02-295286-8
定価はカバーに表示してあります。

平安貴族の心得
「御遺誡」でみる権力者たちの実像

倉本一宏

大河ドラマ「光る君へ」の時代考証者が描く平安時代の天皇・大臣の統治の実態。「御遺誡」と呼ばれる史料には権力の座に君臨した人物たちの帝王学や宮廷政治の心得、人物批評が克明につづられている。嵯峨天皇、宇多天皇、菅原道真、醍醐天皇、藤原師輔の五文書から描く。

仕事が好きで何が悪い！
生涯現役で最高に楽しく働く方法

松本徹三

ソフトバンク元副社長が提案する、定年後の日々新たな生き方。悠々自適なんかつまらない。日本的サラリーマンの生き方は綺麗さっぱりと忘れ、一人の自由人として働いてみよう。82歳で起業した筆者によるシニア＆予備軍への応援の書。丹羽宇一郎、伊東潤推薦！

地政学の逆襲
「影のＣＩＡ」が予測する覇権の世界地図

ロバート・Ｄ・カプラン／著
櫻井祐子／訳
奥山真司／解説

ウクライナ戦争、パレスチナ紛争、米国分断……。政治的基盤が足元から大きく揺らぐ時代における「地理」の重要性を鮮やかに論じ、縦横無尽かつ重厚な現場の体験と歴史書との対話で世界を映し出す。〝地政学本の決定版〟が待望の新書化。

50代うつよけレッスン

和田秀樹

50代は老いの思春期。先行きの見えない不安からうつ病になる人が多い世代だ。「考え方のクセや行動パターンを変えることでうつは防げる」という著者が、「思考」「生活」「行動」から始める〝自分の変え方〟をリアルに伝授。読むだけでココロの重荷が消える処方箋！

朝日新書

成熟の喪失
庵野秀明と〝父〟の崩壊

佐々木　敦

ひとは何かを失わなければ成熟した大人になれないのか？　江藤淳が戦後日本の自画像として設定した「成熟」と「喪失」の問題系について、庵野秀明の映像作品を読み解きながら、「成熟」による父性の獲得が普遍的な問いにないことを明らかにする、日本人の成熟観を刷新する批評的実践。

始皇帝の戦争と将軍たち
秦の中華統一を支えた近臣集団

鶴間和幸

秦が中華統一を成し遂げた理由は、始皇帝（嬴政）の人間力と、特異な登用方法にあった！　李信・王騎・桓齮など、漫画『キングダム』に登場する将軍も解説。「兵馬俑展」や映画「キングダム」の監修も務めた始皇帝研究の第一人者が、『史記』や近年出土の史料をもとに解説。

賃金とは何か
職務給の蹉跌と所属給の呪縛

濱口桂一郎

なぜ日本の賃金は上がらないのか――。日本の賃金制度の「決め方」「上げ方」「支え方」の仕組みを、歴史の変遷から丁寧に紐解いて分析し、徹底検証。近年の大きな政策課題となっている問題について、今後の議論のための基礎知識を詰め込んだ必携の書。

朝日新書

最高の受験戦略

子どもの隠れた力を引き出す

中学受験から医学部まで突破した科学的な脳育法

成田奈緒子

現代は子どもにお金と時間をかけすぎです！ 中学受験はラクに楽しく始めましょう。発達障害や引きこもりなどで筆者のもとに相談に来る子ども達の多くは、幼少期から習い事やハードな勉強をしていた。自分から「勉強したい」という気持ちが驚くほど高まる、脳を育てるシンプルな習慣。

日本人が知らない世界遺産

林 菜央

街並み、海岸、山岳鉄道……こんなものも世界遺産？／選ばれたために改築・改修ができなくなる／選挙事情に巻き込まれることも／ベトナムの洞窟で2日連続の野宿……世界遺産の奥深い世界と、日本人唯一の世界遺産条約専門官の波乱万丈な日々。遺産登録、本当にめでたい？

中高年リスキリング

これからも必要とされる働き方を手にいれる

後藤宗明

60歳以降も働き続けることが当たり前になる中、注目を集めるリスキリング。AIによる自動化、デジタル人材の不足、70歳までの継続雇用など、激変する労働市場にあって、長く働き続けるには何をどう変えていけばいいのか。実体験をふまえた対処法を解説する。

8がけ社会
消える労働者　朽ちるインフラ

朝日新聞取材班

2040年に1100万人の労働力が足りなくなる。迫り来る超人手不足の社会とどう向き合うか。取材班が現場を歩き実態に迫り打開策を探る「朝日新聞」大反響連載を書籍化。多和田葉子氏、小熊英二氏、安宅和人氏、増田寛也氏ほか識者インタビューも収録。

ロシアから見える世界
なぜプーチンを止められないのか

駒木明義

プーチン大統領の出現は世界の様相を一変させた。ウクライナ侵攻、子どもの拉致と洗脳、核攻撃による脅し……世界の常識を覆し、蛮行を働くロシアの背景には何があるのか。ロシア国民、ロシア社会はなぜそれを許しているのか。その驚きの内情を解き明かす。

電話恐怖症

大野萌子

「電話の着信音がなると動悸がする」「電話を人に聞かれるのが嫌」。近年、電話恐怖症が原因で心身症状が現れ、退職にまで追い込まれる若者が増えている。その背景には何があるのか。電話が嫌いでたまらない人へ、今日からできる対策法。大丈夫、きっと治せます。

裏金国家
日本を覆う「2015年体制」の呪縛

金子　勝

「裏金」がばらまかれ、言論を封殺し、縁故主義による仲間内資本主義（クローニーキャピタリズム）がはびこる日本社会。民主主義を破壊し、国際競争力を低下させ、経済の衰退を招いた「2015年体制」とは。負のらせん状階段を下り続ける、この国の悪弊を断つ。

朝日新書

宗教と政治の戦後史
統一教会・日本会議・創価学会の研究

櫻井義秀

安倍派と蜜月の統一教会、悲願の改憲をめざす日本会議、自民党とともに政権を握る公明党＝創価学会。草の根的な活動から始まった〝3大団体〟はいかに政界に近づき、社会を動かし、日本の姿をゆがめてきたのか。戦後政治史上最大のタブーに、第一人者が鋭く迫る。

デジタル脳クライシス
AI時代をどう生きるか

酒井邦嘉

デジタル機器への依存がもたらす脳への悪影響は、AIの登場でますます高まっている。「紙の本と電子書籍で読んだ後の記憶力の差」「タブレット入力と手書きの場合の認知度の差」など、脳科学者の研究成果に基づき、デジタル環境とどう付き合うべきかを示す。

「黒塗り公文書」の闇を暴く

日向咲嗣

モリカケなどの重大事件で注目を集めた黒塗り公文書だが、実は、地方自治体レベルでも日常的に黒塗りは行われている。市民が開示を求めた情報をどうして行政は黒塗りにするのか、黒塗りが許される理由は何か。黒塗りで隠された官民連携の闇に迫る。

戦国時代を変えた合戦と城
桶狭間合戦から大坂の陣まで

千田嘉博／著
平山　優／著
鮎川哲也／構成

浜松城、長篠城、小牧城、駿府城、江戸城、大坂城——歴史を変えた合戦の舞台となった城で何がわかってきたのか。研究を牽引する二人が城の見どころを熱く語り、通説を徹底検証。信玄、信長、家康、秀吉ら武将の戦術と苦悩を城から読み解く。